David Izazaga

POQUITA FE

COLECCIÓN
EL GRAN CRONOPIO

LIBROS INVISIBLES
Publicamos mundos posibles

D.R. 2014, Por la presente edición:
Libros Invisibles.
D.R. 2014, Por la obra:
David Izazaga Márquez.

Ilustración de tapa: Bea Ortiz Wario.

Primera edición, 2014

Proyecto gráfico: Libros Invisibles, servicios editoriales.
informes@librosinvisibles.com - 33 1482 2765
Guadalajara, Jalisco. México.

ISBN: 978-607-96443-5-2

También disponible en Amazon.com

Esta obra se terminó de imprimir en julio de 2014.
Se hizo un tiraje de 500 ejemplares.
Impreso y hecho en México.

A Liliana

El mentiroso experimentado sabe que la clave del éxito está en fingir bien la ignorancia de ciertas cosas. Por ejemplo de las consecuencias de lo que está diciendo. Es como hacer que sean los otros los que inventen.

César Aira

ZIRAHUÉN VS EL PEÑÓN

La mañana que salí a llevar a la Central de Autobuses a la que todavía era mi novia lloviznó un poco, aún cuando no era temporada de lluvias. Cabañuelas no son, pensé. La Semana Santa estaba prácticamente encima. Había quedado de llegar por ella a las siete de la mañana, pues su camión salía a las nueve. Llegué antes de lo acordado, bañado y peinado. Ella me recibió, amable pero distante.

La noche anterior habíamos tenido una fuerte discusión: ella llevaba semanas intentando convencerme de que fuéramos con toda su familia al Peñón de Xalisco, playa cercana a la ciudad y en la que sus tíos poseían una gran casa a la que llegaban todos, como parvadas de patos canadienses, cada Semana Santa. Yo, que por un lado rehuía ese tipo de convivencias familiares le había confesado mil razones para no ir. Aparte, la verdad es que veía en ese viaje la oportunidad de quedarme soltero unos días y desestresarme un poco de la relación. Esto último no se lo dije. Le dije que prefería que ella fuera sola y se la pasara bien, que yo tenía varios pendientes que resolver en la ciudad y nada de ganas de salir.

Pero la discusión no fue por eso. Fue porque, justo un día antes de su partida, mis amigos Noeled, Onarres y Aznarrac me abordaron con la extraordinaria idea de que debíamos pasar unos días al borde del paradisiaco lago de Zirahuén. Yo ni sabía que existía ese lugar, pero Onarres se encargó de narrarme aventuras y parajes extraordinarios que concluían con la leyenda de que en el lago habitaba un ser mítico llamado Zirahui.

Fue esa noche cuando le conté todo esto a mi novia y le informé que iría con mis amigos a Zirahuén, sin acordarme que antes había dicho que no quería salir de la ciudad en Semana Santa y que además tenía algunos pendientes que resolver. Cuando ella me lo recordó, yo minimicé el hecho y bailé de contento por mi próximo viaje. Y vino la discusión.

Al otro día, en la mañana que llegué por ella para llevarla a la Central Camionera, su cara me recordó la discusión de la noche anterior, a la que no faltaron reclamos de su parte porque prefería ir con mis amigos a un lago apestoso que irme con ella y su familia a la paradisiaca playa.

Salimos de su casa con un par de maletas que subí a mi auto y con dos horas de anticipación, que ciertamente era tiempo más que suficiente. Me sugirió que desayunáramos juntos y yo, como siempre he pensado en complacer a mis parejas, le dije que sí, que donde quisiera. No debía haber dicho eso, porque entonces ella sugirió: vamos al Tacotote. Yo odio el Tacotote porque desconfío, primero, de un lugar que esté abierto las veinticuatro horas (perdón, Aznarrac) y, después, de un restaurante en el que ofrezcan tacos de absolutamente todo.

Nos sentamos a las siete y media de la mañana en el Tacotote de Ávila Camacho: ella pidió cinco tacos de tripa, nana y buche y yo decidí comerme sólo las zanahorias en vinagre que habían colocado en un recipiente en nuestra mesa. Yo trataba de hacer pasar aquel como un día cualquiera, felices por la vida y ella parecía que regresaba del velorio de su madre, la que por cierto también iría al Peñón (de hecho se había ido una semana antes).

Fue cuando se terminó el último taco que, llena de valor, me dijo: "Voy a hacerte una pregunta, pero contéstamela con toda sinceridad". Yo puse mi cara de "¡caray!, me extraña," y afirmé con la cabeza. Y la lapidaria frase en forma de pregunta salió de su ronco pecho: "¿En algún momento has pensado en la posibilidad de casarte conmigo?". Yo, como si me hubieran preguntado la hora e incluso antes de que ella terminara la pregunta contesté: No. Así: seco, directo y al hocico, como el hueso al perro.

A mi respuesta ella se encogió de hombros y con esa cara desencajada, como de virgen a la que le van a crucificar a Jesús, se subió al carro y así permaneció, casi cuarenta minutos, hasta que llegamos a la Central Camionera. Muchos años después aprendí que no siempre la sinceridad es lo que espera como respuesta el ser humano. Mucho menos si se trata de tu pareja.

Me metí al estacionamiento y cargué con sus maletas. Llegamos a la línea de camiones, mostró su boleto, pasamos al andén y luego de que estuviera a punto de subirse, volteó hacia mí y con una determinación irreconocible me dijo: "Entonces... yo creo que esto no tiene sentido ya, *vámosle* dejando hasta aquí". No sé si esperaba escuchar de mis labios algo distinto, pero yo le dije que sí, con toda la sinceridad del mundo. El haberle dicho que no, hubiera sido hipócrita. Pero en esta puerca vida, está visto, muchas veces al decir la verdad hiere uno más que al mentir.

Ella se encogió aún más de hombros y su cara ya de plano me asustó, pues lo único que faltaba era ver brotar algunas lágrimas. Yo le di un beso en la mejilla, le desee buen viaje y me di media vuelta, dejándola al borde del escalón del camión.

Salí de ahí y crucé al estacionamiento. Mentiría si digo que canté y bailé como Fred Astaire, pero debo confesar que sí pasó por mi mente hacerlo. Subí a mi auto y me busqué el boleto del estacionamiento justo en el momento en que recordé que no traía un solo peso. La desesperación se apoderó de mí: ¿cómo iba a sacar de ahí mi auto? ¿Y si optaba por irme en camión hasta mi casa? ¿Con qué dinero si no traía? Estaba perdido. No sé de dónde saqué fuerzas para salir corriendo hacia a donde había dejado a mi ya ex novia, con la esperanza de que el autobús no hubiese partido. Corrí como nunca lo había hecho. Sudado, despeinado y con una cara de desesperación inédita llegué hasta el andén y subí al autobús, caminé lentamente por el pasillo buscando con la vista su rostro. Cuando la encontré y su mirada se encontró con la mía, un alivio me recorrió el cuerpo. Ella me vio y su rostro se iluminó hasta el grado de encandilar a los pasajeros. Me acerqué hasta su lugar y le dije: "dame veinte pesos para el estacionamiento". En segundos su rostro pasó de reflejar la felicidad absoluta al desánimo más contundente. Sacó un billete y me lo dio. Yo le di las gracias y bajé del camión, caminando, aliviado.

Juro por lo más sagrado que fue hasta que me subí al auto y pagué el estacionamiento que me cayó el veinte: ¡claro!, su reacción habría sido porque seguramente pensó que me regresaba, arrepentido, a suplicarle que no termináramos. Me sentí muy mal, porque en verdad no había sido esa mi intención. Dos cuadras después me compré un tejuino con lo que me sobró del cambio del estacionamiento y me sentí mucho mejor.

En aquellos años que sucedió esto no había teléfonos celulares (y a lo mejor ni teléfonos fijos en El Peñón ni en Zirahuén), de manera que hoy pienso que quizá si los hubiera habido le hubiese llamado para ofrecerle una disculpa por lo que le hice creer.

De lo que nunca me acordé fue de regresarle su billete. Algunas noches, cuando me llega a dar algún remordimiento, pienso en mi chamarra negra de piel que nunca me devolvió. Y ya, me duermo plácidamente.

EL MENTIROSO COMPULSIVO

Al mentiroso compulsivo no le gusta ver la televisión toda la tarde. Son las tres y media y él está sin camisa, tirado a la mitad de la sala (en realidad su casa es una gran sala, en donde caben la cocina y la recámara, y el baño está afuera, suficientemente lejos como para ir sólo cuando sea muy indispensable, nunca para lavarse o echarle una ojeada al espejo). Por fin se decide a apagar la tele. Lo que aún no decide es si debe continuar ahí, refrescándose el cuerpo en el frío piso de cemento, dejando que el sudor se evapore junto con todas sus ideas, o mejor salir a caminar. Qué otra cosa se puede hacer en un pueblo como éste. Ya está planeando su estrategia de salida, de hecho la tiene ya en mente, sólo es cuestión de pararse, calzarse y ponerse la camisa. Un alacrán sale de su escondrijo: las piedras que le sirven al mentiroso compulsivo para sostener las tablas que son su librero. Son apenas unos segundos lo que tarda en estar listo para caminar por las angostas calles del pueblo, un pueblo en el que no pasaría absolutamente nada, aun si pasara. Antes de salir le echa un último vistazo a la casa, como tratando de recordar si algo se le olvida. Se le ocurre entonces que se le olvida la bufanda. Cierto que está haciendo un calor infernal, pero si se lo dijéramos, él, el mentiroso compulsivo, lo negaría. Trae ya la bufanda colgada al cuello y a pasos decididos sale de su casa. El último paso que da termina con la vida del alacrán que ya casi alcanzaba a salir sin daño.

Es la hora de la tarde que más gusta al mentiroso compulsivo. Es la hora de la tarde en que nunca —por nada del mundo— estaría en su casa viendo el televisor. Las calles del pueblo están vacías. Él camina y camina sin detenerse, hasta que ve a un perro tirado a la sombra de un árbol. El perro duerme plácidamente, él se sienta a un lado, prende un cigarro y observa descuidadamente al perro. Una señora de abundantes y colgantes carnes sale de su casa, trae una escoba en las manos. Se aproxima hasta donde están el perro y el mentiroso compulsivo; después de algunos segundos en los que observa la extraña quietud de ambos, dice: "voy a barrer la banqueta, quite al perro". El mentiroso compulsivo no mira a la vieja, saca un cigarro de la cajetilla (el segundo de la tarde) y se lo lleva a la boca. Antes de prenderlo voltea a ver a la de la escoba en manos y le dice que no puede porque el perro está muerto. Siguen entonces unos segundos en los que la vieja empuña la escoba y contiene una mueca de lástima y el mentiroso compulsivo retiene lo más que puede una bocanada de humo. El sol le exprime una gota de sudor a la vieja, quien con un gesto decisivo dice: "entonces habrá que enterrarlo", y se mete a su casa para salir, segundos después, con una pala. Se la ha dado al mentiroso compulsivo y éste cava ya un hoyo ante la mirada atenta de la mujer, que dice que irá por unas flores siquiera, y desaparece. Cuando el hoyo parece lo suficientemente profundo para albergar al can, el mentiroso compulsivo se acerca al perro y trata de cargarlo. El perro despierta, se incorpora y huye. Para cuando la señora regresa ya con las flores, el mentiroso compulsivo ha terminado de echar toda la tierra de nuevo en el hoyo. Cuando la señora está barriendo la banqueta y preguntándose por la discreta diligencia del hombre de la bufanda, éste va camino a la plaza. Ya ahí, prende el tercer cigarro de la tarde mientras está sentado en una banca de metal verde. Un anciano de lento caminar hace por sentarse a su lado, pero el mentiroso compulsivo le dice que la pintura está fresca y entonces el anciano sigue de frente, murmurando que cómo es posible que no pinten en otro lado, por qué ahí.

Mientras se consume su cigarro, el mentiroso compulsivo observa el sol ocultarse tras los cerros. Piensa que nunca ha visto un atardecer tan maravilloso como el de hoy, y lo volverá a decir mañana. Un hombre se acerca, carga en una mano una gran canasta con chicharrón de puerco y en la otra una pequeña cubeta con salsa roja. Le ofrece su mercancía al mentiroso compulsivo, quien le da las gracias y le dice que el médico le ha prohibido el puerco y que además es vegetariano. Sin embargo, le dice, hace un rato que venía por la calle principal, escuchó a unos turistas preguntar por algún vendedor de botana y siguen buscando —chicharrón, por ejemplo— para comprarlo todo, pues se lo llevarán a una fiesta que empezará a las nueve de la noche. El mentiroso compulsivo dice que él está invitado a la boda de la hija del presidente municipal que por fin se casa. Quiere seguir, ya encarrerado, el mentiroso compulsivo platicando con el chicharronero, pero a éste ya le anda por vender su mercancía e irse a descansar a su casa; lo cree justo después de caminar todo el día en busca de clientes antojados. Va el hombre en busca de aquéllos que cree que lo buscan. Mientras, el mentiroso compulsivo ha echado ya a andar calle abajo y ahora se dirige a la cantina donde, como todos los días, ya lo esperan. Son siete cuadras las que tiene que caminar. A la mitad del camino se encuentra al cura, a quien saluda y promete que irá a misa de siete.

Son casi las siete cuando el mentiroso compulsivo entra a la cantina. Se sienta a la barra y pide una cerveza, le dice al cantinero que llegó tarde porque tuvo que enterrar a la vaca de su tía que murió por la mañana. El cantinero le guiña un ojo a uno de los parroquianos que juegan dominó en una mesa. El mentiroso compulsivo desea un cigarro y pronto lo tiene, una vez que se lo ha pedido a uno de los cuatro que juegan dominó. Mientras le prenden el cigarro le dicen que si no quiere jugar. El mentiroso compulsivo dice que no a la invitación al tiempo que le da el último sorbo a la cerveza y pide otra. El cantinero comienza una plática con el mentiroso compulsivo. Después de varios minutos la plática se convierte en monólogo. El mentiroso compulsivo dice que ya está harto de las mismas diversiones siempre, que él cuando vivía en el otro pueblo sí que se divertía, pero aquí no, aquí las diversiones no pasan de ir a misa o jugar dominó. Los cuatro parroquianos, mientras juegan, se dan tiempo para ver, aunque sea de reojo, al mentiroso compulsivo. Ya lo conocen, ya saben lo que le deben creer y lo que no, pero nunca lo desmienten. La semana pasada, aquí mismo, les había dicho que vendrían a visitarlo sus hijos que son luchadores rudos en la capital y que darían una exhibición a todo aquel que quisiera ver, por supuesto el único que la vio fue él. Todo era muy aburrido en este pueblo, pero a partir de hoy ya no lo será, le dice el mentiroso compulsivo al cantinero casi en secreto, logrando perfectamente que prospere su atención: ahora los parroquianos que juegan dominó han dejado de murmurar y escuchan atentos. Van a poner un negocio de chicas. Todos saben que el mentiroso compulsivo miente, pero lo oyen con respeto. Sí, hoy mismo empezará a funcionar y van a exhibir a todas las chicas a las ocho de la noche, en la plaza, ahí estarán todas para ser vistas. Hay un joven parroquiano que está bebiendo en un rincón y al que se le han encendido los ojos al escuchar al mentiroso compulsivo. Deja su rincón y se acerca para pedir más detalles del grandioso acontecimiento. El interés del joven es la cuerda que el mentiroso compulsivo necesitaba. Sí, así es hijo, le dice, la diversión será otra a partir de hoy. Yo mismo he traído aquí el negocio sin afán de lucro, sólo para cambiarle el rostro al pueblo que tanto quiero. En cuanto termine este trago iré a la plaza con las chicas y podrás acompañarme si quieres, porque después habrá una gran fiesta. El cantinero mueve la cabeza de un lado a otro mientras les lleva otras cervezas a los que juegan dominó; uno de ellos le guiña un ojo al cantinero. El mentiroso compulsivo se levanta, deja un billete en la barra y apura al muchacho. Anda, que las chicas no esperan todo el tiempo que quieras. Toma, el mentiroso compulsivo, una bufanda que no era la suya. Del mismo perchero cuelgan varios sombreros. El joven parroquiano entra al baño. Mientras, el mentiroso compulsivo, voltea para con los parroquianos y les dice que es su última oportunidad de salir de ese marasmo, que se unan, que vengan todos. Lo miran atentos, pero no le responden. Apenas sale de la cantina el mentiroso compulsivo junto con el muchacho, uno de los parroquianos, mientras suda copiosamente, pone en la mesa la mula de cincos. El juego se ha cerrado. Todos se miran, hasta que el pesado silencio es roto por uno de los parroquianos, el que siempre ha dado muestras de ser el más sensato, y grita: "Qué diablos, vamos con esas chicas".

Ya salen de la cantina los cuatro, seguidos del cantinero que mientras baja la cortina del negocio y pone el último candado le explica a otro grupo de clientes por qué cierra y a dónde van. Hay, en los ojos del cantinero, un brillo y una alegría que podrían percibirse a varios metros de distancia. Tardan un poco en alcanzar al mentiroso compulsivo y al muchacho. Van todos cantando y bromeando alegremente, caminando por las calles del pueblo mientras la luna, que ha salido ya, ilumina con más fuerza que los viejos faroles. Los últimos en unirse al grupo, rumbo a la plaza, son el cura, una vieja de abundantes carnes y un perro que debía estar muerto.

LA LUCHA

"Basta vieja marrana, deja de atormentarme con tus estúpidas quejas. Diario lo mismo. Para ya, ¡betabel!", gritaba el viejo sentado en la pequeña mesa de madera gastada, empuñando, al tiempo que hacía sus reclamos, un cuchillo que utilizaba para mondar una manzana. La vieja, que ahora estaba cerca de la alacena, sintiéndose amenazada, sacó un queso y se lo aventó al viejo en la cara. La habilidad, que —es sabido- va mermándose con los años, dio por resultado que el viejo terminara con la cara embarrada del fresco lácteo. "Ja, ja – masculló la vieja-, todavía sigo siendo la mandona. Me duras lo que Agustín a María". Aparte de presumir sus conocimientos sobre la farándula y utilizarlos a manera de sorna con su esposo, la vieja, al reír, entrecerraba los ojos, razón por la cual no puedo darse cuenta de que mientras ella disfrutaba de la vida, dejando fluir el coraje convertido en burla, el viejo, todavía con el queso deshaciéndosele entre los amplios surcos de las arrugas de la cara, cogió disimulada y sigilosamente la escoba que descansaba, recargada, a un lado suyo. La sujetó de los popotillos de mijo y con todas sus fuerzas (que ya quedamos que no son muchas) la aproximó con violencia hacia el estómago de la vieja, que reía. La acción que provocó el piquete en el estómago con la punta del palo de escoba, dio por resultado la expulsión de la dentadura de la vieja para ir a caer justo a los pies del viejo. "Estamos en la rueda de la fortuna, vieja melindrosa. Ahora tendrás que arrastrarte para ir a buscar esa porquería de dentadura". Tan sólo un lento movimiento de la vieja, tirándose de panza (que todavía le dolía por el reciente piquetón) y estirando la mano hacia los pies del viejo, hizo que este pateara la dentadura que fue a parar debajo de una cómoda de nogal apolillada. La vieja no procuró levantarse, antes bien aflojo sus amplias y guangas carnes, intentando descansar, buscando –humillada- la rendición menos vergonzosa. O al menos eso era lo que pensaba el viejo que, vengado, pasaba el dedo por su rostro para recoger los últimos restos del queso y llevarlos a la boca. "Así te quería ver, caguama, tirada a mis pies, cuajada de miedo. Está bien, saca tu pañuelito blanco y pídeme perdón, ¡sacamecate!". Pero lo que había sido interpretado por el viejo como una rendición, en realidad era toda una estrategia planeada por la vieja. Astuta la desgraciada llevó las manos a sujetar las patas delanteras de la silla donde reposaba el viejo. No le dio tiempo ni de encomendarse a San Leandro (que, por cierto, ni siquiera estaba entre sus devociones), cayó el viejo de espaldas y en su camino jaló el mantel, yéndole a caer en la cara no sólo el café –ya frío para entonces-, sino también el azúcar y las galletas. El viejo se quejaba, silencioso, del fuerte golpe de cabeza que se había llevado al chocarla contra el frío suelo de cemento. Ahora la vieja se incorporaba. Sin dentadura, apenas se le entendía lo que refunfuñaba. Se movía toscamente. "nomás ted hago um poquito ye shopa". Comenzó entonces la vieja a vaciarle todo lo que se encontraba en su camino. El viejo, que no paraba de toser, se vio envuelto en miel con sopa de pasta, leche, conservas y hasta emulsión de Scott, que la vieja tomaba desde hace años. Está de más decir el tremendo cochinero que se había logrado en la escena. La vieja no reía, apuraba el paso hasta la recámara, tomaba con ambas manos, temblorosas, callosas, una escopeta y de nuevo acudía hasta con el viejo que difícilmente se distinguía de entre la masa de sustancias. Ahora la vieja apuntaba con el arma; le temblaba el pulso. A quien no le tembló el pulso fue a la mano anciana que apretó el botón de encendido del televisor. Y la imagen de la vieja apuntándole al viejo desapareció, se fue como nunca se van los recuerdos que queremos que se vayan. "Diablos Matilde". Por qué eres siempre tan oportuna", dijo la voz varonil quebrada que parecía venir de dentro del baúl. "¿No te podrías haber esperado? Ahora ya no sabremos si lo mata". La anciana parecía no haber oído lo que el anciano le decía y antes de salir del cuarto dijo: "cómo te encanta perder el tiempo con tonterías, inútil". Mientas la anciana ya está en otro cuarto, de lo más oscuro de la pieza del fondo se alcanza a ver un lento movimiento de cajas, un abrir y cerrar, ruidos extraños que se ahogan con la tos seca del anciano. Hay un odio en los ojos del anciano que no convendría explicar ahora. Un odio que lo hace arrastrar los pies con mayor fuerza a las manos para sostener un pesado revólver, caminar unos metros, encontrar a la anciana en la cocina calentando la cena y apuntarle, con pulso tembloroso. Al tiempo que la anciana voltea, el anciano le dice: "¿No quieres saber si lo mata o no, histérica?". La anciana sorprendida, abre tanto los ojos que le cabrían perfectamente dos huevos en esas cavidades. De la destartalada, vieja y pesada pistola alcanza a salir un disparo que tumba de espaldas al anciano. Hay mucho polvo, el sol deja entrar sus últimos rayos por entre las persianas. Los pájaros que repentinamente -al oír el disparo- habían callado, vuelven a emitir sus trinos.

RONDÓ

"Y ya deja de estar tocando ese piano, y también recoge esos mugrosos periódicos", la oyó decir mientras intentaba prender otro cigarrillo. No le había dado ni siquiera tres fumadas cuando ella volvió a salir de su cuarto sólo para asomar la cabeza y gritar: "y ya no estés fumando, que no me dejas dormir". Apagó el cigarro, resignado, se fue entonces a sentar en el sillón, recargando la cabeza en el respaldo y suspiró hondamente. Ya no recordaba todos y cada uno de los reclamos y las órdenes que la mujer le había dado en las últimas dos horas, el peso era mayor: eran años de estar soportando su carácter, sus reclamos, sus lastimeras lamentaciones, una bola de nieve que día a día se hacía más grande, una opresión en el pecho que le hacía difícil respirar. Pero ya estaba todo decidido, por eso su tranquilidad esta noche. El ligero esbozo de una sonrisa contenida cuando la mujer profirió su último ataque antes de ir a la cama tenía una justificación: él sabía que era esa su última queja, su epitafio. "¡Qué final, —murmuraba quedamente— qué final!, quejándote porque el humo del cigarro no te deja dormir. Pues de ahora en adelante dormirás todo lo que quieras y nadie te molestará".

Ya sólo debía esperar a que ella durmiera profundamente, un sueño del que, sabía, no iba a despertar jamás. Se paró y fue hasta la cocina. Ahí estaba el vaso en el que había tomado ella su leche antes de acostarse. Todavía recordaba cómo le había gritado hace apenas unas horas, ahora le daba risa. Pero, ¿cómo le había dicho?

—"Ve a comprar la leche, animal, ¿qué no ves que ya no

hay? Sabes que si no la tomo no duermo, por eso te haces el inútil desentendido. ¡Anda, ve ya!".

Y fue. Y en el camino llevó a cabo lo que tenía planeado ya desde hace varias semanas: después de comprar la leche se fue rápidamente al parque de la esquina, se sentó en una banca y mientras veía a los niños que daban vueltas en sus triciclos alrededor de la fuente, sacó entonces la jeringa y luego un pequeño frasco que contenía un líquido blanco. Antes de llenar la jeringa recordó lo que le había dicho el veterinario aquél, el día que compró el veneno: "Tenga mucho cuidado amigo, que con esa cantidad puede usted matar a una vaca". Y él, con una satisfacción que no le cabía en el pecho, saboreando ya la libertad que veía muy cerca, le respondió: "Sí, es precisamente a una vaca muy grande a la que quiero sacrificar, sabe, ha sufrido ya mucho la pobre". Y rió. Rió toda la tarde. Y reía ahora de nuevo, mientras terminaba de llenar la jeringa y luego, cuidadosamente, por un costado de la tapa de plástico rojo, inyectaba a la leche todo el líquido extraído antes del pequeño frasco.

Recordaba todo eso ahora, mirando el bote de leche casi consumido hasta la mitad. Salió de la cocina y dudó si entrar al baño o ya ir a asegurarse de que ella durmiera eternamente. En el baño tarareaba insistentemente una de sus piezas preferidas y mientras lo hacía le venía el recuerdo de su mujer, interrumpiéndolo cada que tocando el piano él llegaba justo a esa parte final de la pieza. ¿Cómo le decía?

—"Pero cómo eres imbécil. Sigue Do de nuevo y no Re, si es un rondó, idiota".

Pero qué iba a saber ella de música, el caso era interrumpir, insultar. El maestro era él, qué iba ella a venir a enseñarle. Enojado, frunciendo el seño, entró azotando la puerta a la recámara en la que ya descansaba su mujer. Primero la vio de lejos, porque le pareció que respiraba, luego se fue acercando poco a poco, con mucho sigilo, y mientras lo hacía se acordó de que apenas ayer había entrado de manera similar a la recámara, en busca de su reloj que había olvidado en el buró junto a la cama. ¿Cómo le había dicho?

—"Es el colmo contigo, con esas pisadas de mula cómo no me voy a despertar. Toda la noche en vela por culpa de tu maldito escándalo con el piano y cuando apenas quiero dormir un poco me despiertas, ¡bueno para nada!".

La veía ahora más de cerca. Más todavía. Se atrevió incluso a sentarse al borde de la cama, se movió él, la movió a ella, y finalmente le puso un espejo cerca de las fosas nasales para asegurarse de que no respiraba. Luego se vio él en el espejo y alcanzó a reconocer una sonrisa que no conocía. Se sentía muy bien. Quien lo hubiera visto en ese momento, en lugar de creer tener frente a sí a un asesino, hubiese asegurado estar frente a un enamorado.

Ya iba a salir de la recamara, pero miró cómo ella se encontraba destapada, así que regresó y con un cariño y cuidado inéditos la tapó y todavía le dio un beso que incluso le llegó a gustar mucho.

Ya en la sala, se dio cuenta de que, desde que estuvo en el baño, no había dejado de tararear mentalmente la pieza aquella. Se aproximó al piano y comenzó a tocar.

Nadie, quizá, lo escuchaba, pero era seguro que estaba tocando como nunca lo había hecho. Sus dedos parecían rejuvenecidos, más flexibles que nunca, sus ojos se daban el lujo de cerrarse por momentos prolongados y sólo tres veces llegó a echarle un distraído vistazo a la partitura. Llegaba al clímax, y lo sentía por todo su cuerpo. Hubiera querido que nunca se acabara aquello, pero todo tiene un final y ya se aproximaba. Ya quería oír, como en todo gran final que se precie de serlo, la corona de aplausos a su espalda. Un frío sudor le recorrió el cuerpo cuando escuchó:

—Estúpido, era Do al final.

ARTURO

"Son más de las seis de la tarde", le acaban de decir a Alicia. Y ella, con esa cara de espectro que lleva, piensa que más de las seis pueden ser muchas horas. Cualquier hora, de hecho, es después de las seis. Se lamenta haberle preguntado a ese señor de gabardina, tan serio que se veía. Es más, casi está segura que su reloj ni servía, pero, caballero de gracia le llaman (y efectivamente es así), no quiso quedar mal y le calculó. Después de las seis. Si Alicia se hubiera acordado de que en el andén del metro hay reloj ya estaría evitándose todas estas disquisiciones. Teorizaciones ociosas. Bueno, ya está en el andén, a lo lejos ve el reloj. Se acerca Alicia a mirar la hora exacta: 6:19 P.M. Seis diecinueve, repite en silencio y su vista se pierde entre las vías y sólo reacciona cuando el tren ya está entrando en la estación.

En el vagón logra acomodarse en un asiento doble. Del lado de la ventana acomoda a su chiquillo: Arturo, un niño de dos años que no había aparecido sino hasta ahorita   porque si su madre (Alicia), que es su madre (de Arturo) no se acordaba, menos nosotros que ni vela en la historia tenemos (creo). Además, con todos los pensamientos que están pasándole por la mente en estos momentos (es decir: en aquellos), se le perdona que ni le ponga atención al niño, que, por otro lado, viene encantando, porque no conocía el metro y no se pierde detalle de lo que va pasando por la ventana: los autos circulando por la avenida Miguel Ángel de Quevedo, antes Taxqueña (dato que el niño no tiene por qué saber), las personas cubriéndose de la lluvia con hules que quién sabe por qué benditas razones han aparecido segundos antes de las primeras gotas, en las manos del "todolovendo", y le faltan ojos a Arturo para percatarse de lo que sucede también adentro: un vendedor ofreciendo una aguja con hilos, ensartador y dedal por la mínima cantidad de dos pesos, una pareja de novios que se derriten a besos, un señor mal encarado que ya se le antojó el beso y Alicia, de nuevo con la mirada perdida y con las lágrimas resbalándosele por las mejillas.

La vista perdida de Alicia se encuentra (porque todo en esta vida se encuentra) ahora en la iglesia que está cerca de la estación Ermita. Arturo sigue entretenido con los coches que van circulando por Tlalpan. Alicia no puede evitar que el recuerdo de su primera comunión, que justamente fue en esa iglesia, se venga volando desde la torre más alta del campanario y logre entrar al vagón segundos antes de que se cierren las puertas. Ya estaba grandecita para andar haciendo la primera comunión. Tenía dieciséis años. Y el padre (el dueño de la iglesia) treinta. Así que no miraba a "Lichita" con los mismos ojos que a los demás niños y niñas. Y "Lichita", que ya no era una niña, se daba cuenta. Y apenas estaba aprendiendo la doctrina, pero ya sabía que si seguía con ese coqueteo se iba a ir al infierno. En las noches, en su sueño, se le parecía el señor Diablo, vestido con una camiseta del Necaxa. Y le decía: ándale "Lichota" dale un beso al sacerdote y te consigo el pase para la disco, el domingo va a haber un pachangón, no te lo puedes perder. Y se iba el méndigo señor Diablo, risa y risa, bailando la Macarena. Y Alicia despertaba llorando, y corría al cuarto de su papi para sacar la camiseta del Necaxa y la aventaba a la lumbre. Y su papá la regañaba y le decía que se iba a ir al infierno a bailar la Macarena con el diablo.

Hubiera seguido Alicia recordando esa etapa de su vida y nosotros sabríamos en qué acabó el lío ese si no es que una señora, de esas metiches como hay muchas, despierta, o-más bien- le grita a Alicia que su niño está parado en el asiento. Ella sienta a Arturo y ni siquiera voltea a ver a la señora. Y qué bueno, porque la señora es como la imagen más cercana al señor Diablo, nomás que en mujer. Se queda, la señora, moviendo la cabeza en señal de desaprobación y murmurando no sé qué cosas de la irresponsabilidad de las madres de hoy.

Apenas han sido unas cuentas estaciones las que Alicia y Arturo han recorrido. Aunque van pensando en cualquier cosa para intentar

28

no pensar en lo que no quiere, Alicia, sin remedio, al voltear a ver la estación a la que ha entrado el convoy, recuerda a Roberto. Al maestro Roberto. Al que siempre la acompañaba justo hasta ahí, hasta la estación Chabacano. Entonces la estación era más pequeña, pocos bajaban y subían ahí. Hoy que la estación se ha convertido en un punto de trasbordo Alicia parece no reconocer el lugar desde el cual el maestro Roberto le decía adiós, hasta mañana. Qué fácil se sume en los recuerdos Alicia y qué fácilmente Arturo lograr pararse en el asiento de nuevo sin que su madre se percate, hasta que, por un extraño frenón (es que se le atravesó al chofer una rata, decía mi abuela), Arturo va a dar al suelo y llora, más que por el golpe, por el susto. Alicia lo levanta y se lo sienta en las piernas. Un señor de traje y bigote relamido aprovecha para sentarse en el lugar que ha dejado Arturo. El convoy comienza a hundirse, deja la calle para entrar al túnel, señal que le dice a Alicia que es hora de prepararse para bajar y con ella decenas de gentes en el vagón se alistan también. Piensa Alicia que Pino Suárez es la estación en la que quizá más gente baje y piensa también que no sabe por qué tiene ese símbolo que a ella de niña le parecía un plato de sopa.

Por los andenes de trasbordo aquello parece un hervidero. La gente siempre camina rápido, casi flotan, marchistas expertos, cientos de ellos se podrían conseguir a diario, sobre todo a las horas de mayor afluencia –las clásicas horas "pico"- y en las estaciones de trasbordo, como en Pino Suárez, que es ahora por la que van caminando Alicia y el pequeño Arturo. Como Alicia va de nuevo sumida en sus pensamientos-con una mano sujeta a Arturo y en la otra lleva una maleta- camina lento, es decir, a un ritmo diferente del de toda la gente que, cuando pasa junto a ella, la testerean, la empujan, se le quedan viendo feo. Alicia, mecánicamente, camina y sube por las escaleras eléctricas. La demás gente sube corriendo por las escaleras eléctricas, Alicia no. Ahora va pensando en su trabajo. Hace falta sólo una pequeña señal, un guiño, para que Alicia ponga a volar su mente y lleguen los recuerdos. Esta vez los recuerdos vinieron de un local, adentro, en la estación del metro, de dulces. Alicia destapa los recuerdos: le compra a Arturo una bolsa de alegrías y su inconfundible sabor va de la boca a la mente de Alicia. Caminan ya por el pasillo hacía el andén y ella no puede evitar pensar en Carlos. Cómo lo podría evitar si ahora camina por donde caminó con Carlos día a día durante más de siete años. Lo que Alicia no sabe, por ir distraídamente caminando -mecánicamente, habíamos dicho- es que ahora mismo toma el sentido equivocado. Tiene en su bolsa un boleto de camión que debería de abordar en la estación TAPO, está en Pino Suárez, pero se sube al convoy con dirección a Observatorio. En realidad no debemos de preocuparnos, Alicia se dará cuenta pronto de su error. Por lo pronto piensa en Carlos, el papá de Arturo.

Y mientras, Carlos, no piensa en Alicia. Ni siquiera se ha enterado que Alicia se va, llevándose a Arturo. Carlos, desde hace más dos meses que no piensa en nada. Salió una mañana como a diario lo hacía rumbo a su trabajo, abordó el metro y a la hora de bajar dos tipos lo amenazaron con filosos cuchillos. Se defendió y ése fue su error: lo tundieron a golpes, lo patearon y lo despojaron de sus pertenencias. La vigilancia brilló por su ausencia. La gente que pasaba por ahí después del incidente, coincidía en señalar a Carlos como un vago borracho. Sólo se despertó, pero ya no recordaba nada. Algunas cosas se le hacían conocidas, como el metro, y estaba seguro de que el metro lo llevaría a recordar lo que no recordaba. Desde luego que guardaba, con el paso de los días, un aspecto desagradable. Si veía a alguien comiendo se acercaba y ante su mirada nadie hacía otra cosa que darle de lo que comía. Dos meses. Dos meses en los que Alicia no ha parado: locatel, Cruz Roja, milagros a la virgen, santos de cabeza, brujería. Hasta llamó al teléfono que anuncian en la tele, el de Madame Swami. Tarot personalizado.

FLASH BACK DE LA CONVERSACIÓN TELEFÓNICA ENTRE MADAME SWAMI Y ALICIA (ANGUSTIADA)

Madame: Buenas tardes. Está usted llamando a la mera machín rin del tarot. No soy un fraude. Mi carta de presentación es la siguiente (aquí sigue un extenso currículum de más de cuatro minutos). ¿Cuál es su problema?

Alicia: Mi marido desapareció hace más de un mes y no sé dónde está.

Madame: ¿Ya lo buscó con su suegra?

Alicia: Oiga, no estoy jugando.

Madame: No se enoje, es sólo para consumir más er..., para *destensionar* el ambiente de malas vibras. El Tarot dirá todo. Todo dirá el Tarot. Todo, todo, esos bellos recuerdos, todo...

Alicia: ¿Adónde está?

Madame: El Tarot aquí conmigo. Tu esposo... ahorita vemos... Salambombiux...mmmmm...

Alicia: Llevaba un pantalón de mezclilla y zapatos...

Madame: Sí, ya lo veo. Tu esposo no regresará, porque adonde está está muy a gusto.

Alicia: ¿Dónde está?

Madame: Ay hija, yo no puedo saberlo todo. Llama otro día, ¿eh?

Después de que Madame Swami le colgó, Alicia intentó volver a contactarla, pero en el teléfono le dijeron que iba a estar un poco difícil, porque ahí trabajaban sesenta y cuatro Madames Swamis. De ahí en adelante no intentó nada más.

Fue ayer cuando Alicia tomó la decisión: irse. A donde fuera, el caso era irse. No sabemos si en un intento por ir a buscarlo a algún lado o de huir de los recuerdos que tanto la martirizaban. Compró un boleto a algún lugar y ya va en marcha.

Carlos deambula, como lo ha hecho en los últimos sesenta días, por los pasillos y vagones del metro. Baja, sube, camina, se sienta. Lo único que no puede hacer es subir las escaleras. Hay un miedo terrible dentro de él que no lo deja subir. Y su mirada se pierde entre la multitud que avanza y no se detiene. Alicia se ha dado cuenta ya que tomó el sentido opuesto al lugar a donde van ella y Arturo. Se ha espantado de momento, pero el error no importa mucho, hay tiempo, se bajará en la próxima estación y cruzará del otro lado para regresar. El convoy entra en la estación, es la estación Insurgentes. Toma de la mano al pequeño Arturo que viene devorando la última alegría que le queda del paquete que, apenas hace unos minutos, su madre le compró. A la mitad de la estación, mientras el convoy va terminando de entrar, desacelerando, Alicia ve a Carlos que mira distraído a la gente. Qué juego cruel de encuentros y desencuentros, de azares conexos e inconexos es la vida. Tarde se le hacía a Alicia para que el vagón abra sus puertas y pueda salir corriendo hacia Carlos. Y al mismo tiempo piensa –cuándo dejará de hacerlo- que, si por casualidad el convoy no parara, siguiera hasta la otra estación (como suelen hacerlo a veces, sobre todo a las horas pico), otra vez perdería a Carlos. Ya está pensando en la posibilidad de perderlo cuando ni siquiera lo ha recuperado. El convoy para, abre sus puertas, Alicia sale corriendo, casi arrastra a Arturo en su carrera, a quien se le cae la alegría que comía. Lo que sigue se ve así: una mujer abraza y besa a un hombre sucio y barbado. El hombre la mira sin ninguna reacción digna de consignarse. El convoy sale de la estación. El niño que hasta entonces había permanecido junto a la mujer, voltea y ve un dulce que se le había caído al bajar del vagón. El hombre sucio y barbado desea hacer un esfuerzo por recordar quién lo besa. La mujer que lo besa llora. Un hombre de traje patea el dulce que va a dar a las vías. El niño lo observa por unos segundos, duda y ya va por él. No sé quién llegará primero: el convoy que ya se oye venir, la madre que ha dejado de abrazar al sucio y barbado o yo que he tirado pluma y papel en mi carrera.

UN INSTANTE DE LUZ

Adolescente aún niña, por la calle,
quizá con las uñas algo sucias:
joven tan a menudo tan mediana.

Gerardo Deniz

Confundo la espesa negrura de este espacio con el infinito recuerdo de sus ojos. El frío en esta habitación es tan extremo que –quien lo fuera de decir- quema; me he despojado de cobertores y me aproximo lo más que puedo al único contacto que tengo con la noche: ese hoyo en la pared, cíclope de hormigón que me hace sentir aún vivo, dueño parcial de los ojos que esculcan y a fuerza de insistir encuentra fuera la luz, reunida ya en una sola línea curva, afilada, que pronto desaparece: la noche fue muy dura, se encajó del otro lado.

Es muy pronto para recordar, lo he dicho. La había visto antes, antes todavía. No hay explicación precisa, ni la habrá. Las leyes de la dinámica y la perspectiva se enroscan y huyen para permitir una sola versión: la mía. Cuando el verdugo atenta contra su vida misma y sólo al final se da cuenta que sigue vivo y que otra fue la víctima, no tiene más que aceptar que él mismo ha sido víctima de un infalible juego de espejos.

Era mediodía, y el calor me hacía alucinar, por eso la primera vez que la vi creí mejor en un borroso sueño o algo parecido, máxime cuando traía el sol pegado a mi cuerpo como una sanguijuela. Subí al camión y como pude me instalé cerca de una ventana que permitiera la franca entrada del viento. Tenía los cristales de los anteojos empañados y de nuevo la vi, pero esta vez no fue menos afortunada que la primera. Ya me estaba pareciendo una pesadilla e intentaba quitarme los lentes para limpiarlos, cuando el camión dio un tumbo, yo un traspié y mis lentes al suelo. Apenas alcanzaba a ponérmelos cuando la tuve frente a mí: estábamos en perfecta armonía, ella ahí, sentada, desgarbada; yo parado, viéndola, aturdido, derritiéndome de calor, no sabía en qué momento alguien se resbalaría pisándome. Minutos antes, abajo del camión, caminaba ledo, sin sobresalto, todo era tan distinto ahora. El buen concierto de la escena, a simple vista, daba mucho que pensar: nunca nada que vaya a ser un caos estuvo tan perfectamente bien definido desde el principio, como en el cuadro del que yo era autor y protagonista.

Debo advertir, me debo advertir que al principio ella me pareció un tanto lechal -la rapidez del cálculo me permite el error-, pero no, evidentemente ya no lo era, tendría quizá no más de trece años. Calzaba unos huaraches que permitían ver sus rosados tobillos, maltratados tal vez de tanto caminar. Un nimio vestido que apenas cubría lo necesario y la blusa blanca, mojada por el sudor. El sol, que desde hacía rato me perseguía, dejó de hacerlo para irse a posar en la blanca nuca de la niña y por primera vez en todo el día sentí frío.

Sólo un pequeño detalle faltaba en la observación que con verdadera concisión venía realizando: su mirada. Ella estaba dormida, apenas moviéndose de vez en cuando por el vaivén natural del autobús. No me importaba, sabía que de un momento a otro despertaría y entonces podría verla viva, nunca lo dudé, o si lo hice, pretendí olvidarlo luego.

Entonces disfruté realmente de observar sus cabellos, como semi ocultaban su perfecto perfil, bella su nariz, sobrado incluso su color rosado, el lunar que coronaba su mejilla era la prueba contundente de que todo había sido colocado en ella sin desorden, con la mayor exactitud y total acierto.

No sé qué pasó en mí cuando ella empezó a concomerse. Me sentí aturdido, de nuevo sudaba y me temblaban las piernas, el camión atentaba constantemente contra el equilibrio de los pasajeros, nadie protestaba por la imprudente conducción del chofer. A mí me preocupaba la niña, temí que fuera a golpearse la cabeza; más ahora que parecía despertar; aun llegó a tallarse los ojos sin abrirlos. Un doble deseo me torturaba: por un lado quería verla despierta, viva; pero estaba yo disfrutando bastante de mirarla así, sin que me viera, quizá si despertaba ya no iba a ser igual, seguramente se incomodaría. Decidí que tenía que seguir dormida. Y siguió dormida. Se había arrullado de nuevo. Por un momento sentí que yo controlaba sus movimientos: tenía en mis manos hilos finos, invisibles, movidos a mi antojo.

Seguía yo sin cansarme de repasar sus formas. Un súbito movimiento de su mano levantó su falda que hasta entonces noté roja y dejó ver más allá: sus diminutas pantaletas, algo sucias, y un muslo de ángel. Una amarga y a la vez dulce concupiscencia se aferró a mí y no me deja todavía dormir en este cuarto de tan azul negro y frío quemante. Tratan de escapárseme los detalles, el aire helado ayuda, pero hago un esfuerzo y aquí están frescos: el camión dio un giro inesperado y la niña estuvo a punto de caer, salvado de último momento por las manos amoratadas de una vieja que, hasta ese entonces noté, venía sentada junto a ella. Esa mujer no podía ser su madre, definitivamente eran polos opuestos, blanco y negro. La vieja cargaba encima decenas de hilos, colguijes rarísimos y bolsas con ropa. Extravagante de tan fea, perdularia, hosca discutía con el chofer al tiempo que acomodaba en su asiento a la niña sin el menor cuidado. Seguía gritando palabras inentendibles y despertó entonces la niña con una fuerte sacudida en la cabeza; ésta abrió la boca con un grito aterrador, llorando manoteaba desesperada, sus ojos desorbitados fueron los primeros en tocarme. En solo unos segundos la niña comenzó a exudar copiosamente de todas partes, se retorcía de tal manera que daba la impresión de no tener espina dorsal. A cada instante las contorsiones eran más escandalosas. Otros segundos más y pareció extravenarse, el cuerpo rojo, los ojos seguían sin órbita, perdidos totalmente, no entendía yo la transformación, era imposible el retroceso, ver a la mariposa convertirse en oruga. Sus gritos eran desesperantes, agudos, la dentadura parecía salírsele de la cara, los sudores, jugos líquidos, me salpicaban. Me le fui encima. La golpeé, la ahorqué, la sacudí hasta que sus ojos volvieron a donde debieron estar. Luego, entonces, no supe cuándo dejó de respirar, porque dejó.

CUENTO SOBRE LA FUNDACIÓN Y DESTRUCCIÓN DE UNA SANTA PROVINCIA Y ANEXA LA LEYENDA

Al Sr. Ramón Serrano

INTRODUCCIÓN
(O LO QUE PRÁCTICAMENTE SERÍA LA LEYENDA)

Hace muchos años, cuando todavía ni siquiera se inventaban los años (bueno, ya algunos), vivía en estas mismas tierras (coloradas y con jal) Ramiro Ocote. Él fue en realidad el primer habitante en Occidente (y el último, como se verá). Todo hubiera salido muy bien si a Ocote no se le ocurre despertar un día con ideas nuevas (todo hace suponer que las lecturas prolongadas de Marx ocasionaron algunos trastornos en Ramiro. Diario abría los ojos poco a poquito para que no le entrara el valle tan de repente, pero ese día no, ese día Ocote despertó y abrió los ojos rápido, así, de lleno, y se quedó como espantado. Si por ese entonces ya se hubiera inventado la manteca Inca, pues lo hubieran sobado, tronado el cuerito de la espalda y me canso que se le quita. Pero no, así se quedó un buen rato. Hasta que Dios le preguntó: ¿Qué tienes Ramiro? Y Ocote le tiró un rollo grandísimo, decía: "Mi Dios, ¿a quién sigo? Tengo que seguir a alguien, a alguien debo admirar, tener un ejemplo, un líder. No es posible tanta ingobernabilidad, tal vacío de poder, debo ir tras alguien. ¿A quién sigo, mi Dios, a quién?".

Entonces Dios se enojó muchísimo y le dijo: si quieres seguir a alguien, cabrón, ahorita te traigo al conejito que persiguen los galgos en Tijuana. Y se lo trajo. Porque así es Dios. Y mientras Ramiro Ocote corría tras el conejo por todo el valle, Dios dijo: lo perseguirás bajo tierra, día y noche, ¡arrogante!, y sólo saldrás cuando haya que anunciar el final. Y desapareció. Porque así es Dios. El conejo se metió entonces por un agujero y Ramiro se fue tras él.

PARTE PRIMERA:
LA LLEGADA

Eran como ls tres de la tarde, bueno, a decir verdad nadie lo puede asegurar, pero es la hora más conveniente para que un grupo de gente vestida muy raro, con mantas y pancartas, cansada, sudada, decida reposar en una pequeña colina. En lontananza se veía un valle. La gente se tiró en el pasto, ingirió pisto y los niños comenzaron a jugar. Del otro lado de la colina están tres hombres. El que tiene lentes de contacto color violeta es Nuño, lo que están a su lado son los Juanes. Se están contando chistes de gallegos. En eso, una mujer se acerca a Nuño, es Beatriz, que le pregunta si pueden disponer de las morelianas que robaron a los tarascos. Nuño responde: "si te refieres a las tipo galletas sí, pero a las muchachas me las respetas. Beatriz se retira y Nuño no le quita la vista de encima (al valle). "Cuánta gente cabrá aquí", murmura mientras los Juanes ya están otra vez echándole carrilla. "Ése mi Cleopatra", le dicen los muy canijos.

PARTE SEGUNDA:
LA DECISIÓN

Juan Sánchez sabía de la testarudez de Beatriz, su esposa. Ella soñaba con encontrar una señal para fundar la ciudad, su ciudad. Beatriz estaba convencida de que en cualquier chico rato se aparecía un ave, se paraba sobre un huizache, se espinaba las patas y alcanzaba a gritar: "¡Viva Guadalajara chingado!". Beatriz casi no estaba influenciada por la fundación de Tenochtitlan, cuando se lo decían ella lo negaba: "Ni es cierto, es pura coincidencia", y si le insistían se ponía a mentar madres a diestra y siniestra.

Nuño y los Juanes se habían enamorado de aquel terreno y querían quedarse. Ya habían sufrido antes intentos de fundación en tres ocasiones. Las dos primeras fracasaron por culpa de la aridez de la tierra y la escasez del agua; en la última, en Tonalá, no los dejaron quedarse, que porque por ahí iba a salir el sol. Total que ahora ya se quedarían en ese lugar, costara lo que costara. Nuño le decía a los Juanes: yo sueño con algo sencillo, fundar un sindicato y vivir de mis rentas. El problema era Beatriz y no tanto Beatriz, sino la gente, que no le hacía caso más que a ella. Era como una versión temprana de la Adelita.

El caso es que Nuño y los Juanes se pusieron a idear un plan. Si Beatriz quería una señal ellos se la darían fabricando la escena, todo era cuestión de buscar un pajarraco, pues huizaches había muchos. Nuño encomendó a los Juanes la búsqueda del ave; mientras éstos se ponían de acuerdo, Santiago, "el bello Mómax" los oyó, y los Juanes, temiendo que los delatará con Beatriz, llevaron a cabo un acto que a la postre se convertiría en costumbre: lo fueron a aventar a la barranca de Huentitán.

PARTE TERCERA:
EL ESCUDO

Beatriz incitaba a su gente a prepararse para emprender de nuevo la caminata. Le extrañaba no ver por ningún lado a los Juanes. Mientras, Nuño ya hacía planes dividiendo el valle en cuatro partes. Se acercaron varias mujeres a Beatriz y le preguntaron hacia qué lado habría que caminar. Ella dudo un poco, volteó hacia Tonalá y no quiso regresar porque allí tenía un novio que ya no le interesaba, volteó para donde estaba un árbol grande y frondoso y dijo: "hacia allá". Las mujeres miraban el árbol cuando aparecieron los Juanes corriendo como alma que lleva el diablo, perseguidos por dos leones. Ante la mirada atenta de la multitud, los Juanes –con gran habilidad- treparon al árbol. Los leones hicieron por subir también pero desistieron cuando Juan Sánchez soltó el pajarraco que traía en las manos. Los leones cogieron su presa y desaparecieron, sin que se les haya vuelto a ver jamás. Beatriz quedó extasiada con la escena y entonces gritó: "¡Viva Guadalajara, Chingado!". Volteó para con Nuño y le dijo: "Aquí de este lado quiero mi estatua, acá los juzgados y enfrente Ramírez Rábago". Nuño sonrió y asintió con la cabeza, diligente.

Parte cuarta:
LA CONSTRUCCIÓN. EL CAOS

Buenas tardes, soy La Construcción, dijo. ¿Quién más viene?, le respondieron. Viene El Caos conmigo. ¡Ah no!, El Caos no entra, si no somos pendejos. Y así pasaron muchos días, meses y años. La Construcción a fuerzas quería entrar con El Caos, o al revés. Hasta que un día se le prendió el foco (no se sabe si al Caos o a La Construcción) y La Construcción tocó de nuevo. Toc-toc. ¿Ora quién? Soy La Construcción. Fíjese que ya empezamos sin usté. No, no, no. Ábranme por favor. No podemos, es que usté viene con El Caos. Les juro que ando solita solita como mujer con rubeola. Nomás abrieron tantito la puerta y La Construcción se pasó gorda, gorda. Y vio la ciudad y dijo: qué bárbaros, pero si ustedes no tienen sentido del equilibrio, ni de la proporción. Orita ponemos orden. Me tumban esto y me ponen unos murotes aquí y abren acá y en medio me ponen un cuerno retorcido. Y es que La Construcción llevaba metido entre las faldas al Caos. Nadie se dio cuenta. O sí y tuvieron miedo. El caso es que cuando voltearon a ver a La Construcción, ésta ya estaba muerta y el caos se la estaba comiendo y lo que vomitaba eran grandes edificios con gente adentro, niños que le decían al Caos papá.

Porque así son las leyendas. Al final Dios siempre gana y cuando pierde, arrebata. El sol estaba en el cenit y la ciudad más loca que nunca. Ramiro Ocote, que todos estos años anduvo detrás del conejito, salió por una alcantarilla en pleno centro de la ciudad. Al conejo lo apachurró una Hummer del año y a Ramiro Ocote le entró el golpe de la ciudad. Toda toda. Nomás dijo: "esto huele mal" y empezó a caminar hacia Palacio de Gobierno. Él sabía lo que tenía que hacer y mientras los automovilistas le gritaban "ora pinche loco, vete a trabajar al SIAPA", Ramiro Ocote llegó al Palacio y comenzó a trepar como gato ante la mirada de los policías que no sabían que hacer (tantas broncas con Derechos Humanos).

Llegó hasta arriba y empezó a orinar. Ahí sí ya se calentaron los guardias, porque luego luego trataron de trepar. Pero no lo lograron, porque todo se empezó a venir abajo: casas, negocios, templos; y el crepúsculo pasó del naranja al gris y del gris al negro. Y el ruido espantó al día y la noche ya no se fue.

Porque así es Dios, ustedes saben.

POQUITA FE

"Los once discípulos partieron para Galilea, y acudieron al monte donde Jesús los había citado. Y cuando lo vieron lo adoraron, aunque algunos dudaron…"

Evangelio de Mateo

CADA QUIÉN SU PAPA

Toda la noche estuvo su Santidad
Corriendo en Motocicleta.

Gerardo Deniz

Todo era expectación desde hacía unos días. Había quien no dormía después de haber conocido la noticia. No era la primera vez que Su santidad venía, pero sí podría ser la última, a juzgar por su salud. La cúpula eclesial se consagró entonces, en cuerpo y alma (más más en alma, que ya se sabe: son sus meros moles), a prepararse para recibir al visitante. Ya conocida la fecha, los días exactos incluso, se podría trazar el plan de acción. Misas privadas con selectos invitados, recorridos por las calles, entrega de las llaves de la ciudad, misas multitudinarias y un show en el estadio.

Por lo que toca a la gente, no a la que planea: la que está dispuesta a que se le permita ya no participar, sino aunque sea asomarse por el ojo de la cerradura, no estaba menos emocionada. Había incluso quien comenzaba su agenda de compromisos para el nuevo año hasta febrero, "porque en enero viene el Papa".

Ya para los primeros días del año la cuenta regresiva cundía por todos lados. Los maestros, en algunas escuelas de conocidos –y ahora sí presumidos- tintes religiosos, comenzaban su clase diciendo: "faltan treinta días para la llegada del Papa, y siete para su examen".

En algunas fachadas de fincas se podía advertir la presencia de pequeñas pistas que ubicaban al despistado que no estuviese informado del momento histórico que estaba a punto de vivirse: banderas del Vaticano, fotografías del Papa, de la Virgen de Guadalupe, del cardenal Sandoval Íñiguez declarando sobre algún asunto político frente a las cámaras de televisión, etcétera.

Una de las personas que no dormía, o por lo menos no dormía del todo bien desde que se enteró de la noticia de la venida de Su Santidad era Rubén; al impacto que significaba para él la visita del santo Padre había que agregar que trabajaba para una compañía que era la encargada de construir la infraestructura necesaria para albergar al Papa en los actos multitudinarios. Y él ya sabía, específicamente, lo que tenía que hacer: construir un elevador para que Su Santidad no tuviera que subir escaleras, justo en donde se habría de colocar un macro altar, en los terrenos en los que normalmente juegan partidos de fútbol los domingos.

Pero Rubén ya no fue el mismo desde que conoció la Noticia (efectivamente, se convirtió en La Noticia de su vida. Ahora habría un antes y un después). Su jefe había hablado con él para informarle que no sólo tendría que construir el elevador, sino que también sería el responsable de "conducirlo". Sí, Rubén sería el encargado de recibir al Papa en el elevador que especialmente había construido para él. Si ya la sola noticia de ser responsable de la construcción del elevador lo había llevado al éxtasis casi místico, definitivamente que esto lo colocaba en la puerta de la gloria, del Paraíso.

Su familia estaba orgullosa de él, presumían en todas partes el alto encargo que había recibido (tenían ya en la sala de su casa una foto de Rubén junto a los gatos hidráulicos del elevador que "subiría" al Papa). Sus hijos eran muy bien vistos en la escuela, su esposa había decidido comenzar un periodo de abstinencia sexual (que hizo público en la colonia), por "respeto a Su Santidad", decía.

Poco a poco se fue conociendo la noticia por toda la colonia: "Oiga Sarita, ya supimos que su esposo va a llevar al Santo Padre en el elevador. Ojalá y pudiera pedirle que rece por mi madrecita que, ya ve, con cáncer…", le decía a la esposa de Rubén el carnicero, y como para animarla y convencerla no le cobraba la carne.

A Ramiro, el hijo menor, sus amiguitos de la primaria le entregaban a diario cartitas (escritas por sus madres, desde luego) con mensajes y peticiones para el santo Padre. Ramiro a diario llegaba a su casa como cartero, cargando su mochila llena de mensajes escritos para que su padre los entregara al Papa. Se llegaron a juntar tal cantidad de cartas que Rubén no sabía cómo iba a cargar con todo el mero día. "Me tendría que llevar una camioneta llena", pensaba. Por eso fue que se le ocurrió la idea de hacer un sorteo: dos días antes de la llegada de Su santidad, en el parque que está a tres cuadras de su casa, en presencia de todos los que quisieran estar, sacaría un puño de cartas, las que le cupieran en los bolsillos de su pantalón, y esas serían las afortunadas, así no tendría problemas con reclamos o sentimentalismos por supuestas preferencias. "La mano de Dios decidirá cuáles son los mensajes que deberá leer Su Santidad", decía.

Un martes, Lucía, la hija menor de Rubén, que ya estaba en la secundaria, llegó con la noticia de que su maestra quería hablar urgentemente con su padre. "Mañana mismo de ser posible", decía el citatorio, firmado hasta por la directora. Al otro día Rubén se levantó muy temprano para ir a hablar con la maestra.

Por más que le preguntaba a Lucía: "hija, pos qué hiciste", ella decía que nada, lo que le hacía sospechar de una falta verdaderamente grave. Cuando llegó a la escuela ya estaba la maestra esperándolo en la puerta, muy bañadita y perfumada. Después de saludarlo lo condujo hasta la dirección. La directora era una monja bastante madura, con el rostro adusto, vestida de traje sastre. Después de que le ofrecieron café, invitación que no rechazó (entre otras cosas porque se estaba durmiendo), viéndolas a las dos dijo: "¿La van a expulsar?". Ambas –maestra y directora- contuvieron la risa. Después le informaron que la cita muy poco o nada, más bien, tenía que ver con su hija. "La verdadera razón por la que nos atrevimos a distraerlo de sus ocupaciones tan importantes es porque queremos pedirle un favor". A Rubén le sudaban las manos, no sabía si por la taza de café caliente que sostenía tembloramente o por el aún desconocido desenlace de su visita. La directora se paró y abrió una caja fuerte que tenía a sus espaldas, de ella extrajo la figura de una monja de apenas unos treinta centímetros y la colocó sobre el escritorio, frente a los grandes ojos de Rubén que ahora se hacían todavía más grandes. "Esta que ve usted aquí es Sor Filotea, la madre fundadora de nuestra congregación. Era una santa; aparte de sufrir durante años viviendo con alucinaciones que la hacían ver surtidores de agua regando sangre, hizo varios milagros y fundó este instituto de enseñanza al que pertenece su hija, don Rubén".

Los ojos de Rubén se posaban ahora sobre la enjuta figura de Sor Filotea que parecía verlo con mirada de súplica. "Abreviando, señor Rubén, lo que queremos pedirle es que lleve usted a Sor Filotea a su encuentro con Su Santidad y le pida que la bendiga. Ahora es sólo un pedazo de yeso pintado, pero con la bendición que le dé el Papa podemos ponerla ya en la pequeña capilla que hemos construido aquí, junto a la dirección y celebrar, dentro de dos meses, los sesenta años de la fundación de nuestra congregación".

Rubén no atinaba a responder algo, no podía despegar su mirada de la cara de Sor Filotea y aunque deseaba encontrar una buena razón para negarse a la tarea que le estaban encomendando, sabía que decir no traería consecuencias, así que aceptó y la madre directora y la maestra se abrazaron como si les hubieran dicho que las iban a canonizar.

Rubén tuvo que aceptar entonces conocer la capilla en donde se colocaría, ya bendita, a Sor Filotea y durante el recorrido preguntó a la directora si no habían gestionado directamente con el Vaticano la beatificación de la monja. "Como somos muy pobres don Rubén, nadie pudo hacer el viaje a Roma para entregar las pruebas de los milagros de Sor Filo, así que decidimos mandar todo por paquetería. Cuando después de varios meses no obteníamos respuesta, hablamos y nos dijeron que no habían recibido nada. Fuimos a reclamar a la compañía de mensajería y nos informaron que unos rebeldes chechenos habían secuestrado el avión en el que iba nuestro paquete, que lo habían desviado a Angola, pero que nos darían una módica indemnización por los daños y perjuicios. No nos alcanzó ni para comprar los ingredientes para hacer rompope".

A estas alturas del relato, la madre directora lloraba profusamente. La maestra le acercó un pañuelo y Rubén preguntó si no habían intentado hablar con el Nuncio o con el Cardenal. A la maestra –por lo que había dicho Rubén- se le salió un espontáneo "¡misóginos!". Ante la mirada desaprobatoria de la directora, la maestra agachó la cabeza y la directora lanzó un suspiro al aire, diciéndole a Rubén: "le he dicho que somos muy pobres... no podemos andar dando limosnas por todos lados con tal de un fast-track... además ellos no creen en Sor Filo... Mire, don Rubén, a nosotros, finalmente, lo que nos importa es tener a nuestra Sor Filotea bendita por la mano de Su santidad, lo otro no importa. Es como si le dijera a usted que no puede adorar a su mamacita si no hay un trámite y un papel de por medio... ¡no se vale!, ¿verdad? Hay cosas de hecho..."

En ese momento la madre directora tomó del brazo a Rubén y acercándose a su oído le dijo: "su hija es encantadora y muy estudiosa, es usted muy afortunado don Rubén, muy afortunado..." Rubén sólo esbozó una sonrisa, mientras sentía que el sudor seguía apoderado de sus manos. Retornaron entonces a la dirección, en donde la madre directora le entregó a Rubén la imagen de Sor Filotea, no sin antes rezar un Ave María frente a ella, para desearle suerte.

Fue en la puerta, antes de partir, cuando Rubén se enteró de que, en gratitud por su colaboración, un salón de la escuela llevaría su nombre.

Mientras caminaba por la calle, Rubén pensaba en cómo debía ingeniárselas para llevar a Sor Filo con él ése día. Por un momento pasó por su mente no hacerlo y no decirle a la madre superiora nada, total, él la llevaría luego a La Villa para que la bendijeran. "O mejor le digo que al Papa le gustó tanto la imagen que me pidió que se la regalara y pues cómo me iba a negar". Sin embargo desistió de sus pensamientos cuando recordó lo del salón. "Seré todo, pero un farsante no, así que la llevo conmigo, a ver cómo, pero la llevo y mis hijos estarán orgullosos que un salón de su escuela lleve el nombre de su padre". Murmuraba todo esto mientras caminaba, llevando a Sor Filo entre los brazos. Cuando notó que la gente se le quedaba viendo raro, recordó que siempre llevaba con él una bolsa de Soriana para lo que se ofreciera, así que la sacó y metió ahí a Sor Filo. "Así nadie me preguntará nada cuando llegue a la casa".

Unas cuadras antes de llegar y habiendo resuelto la manera en que llevaría con él a Sor Filo, Rubén pasó frente a la carnicería; el dueño y a la vez dependiente veía venir a Rubén como quien observa a un cura centenario caminar con el cáliz en las manos, paseándose por la sacristía. "Dónde anda, don Rubén", preguntaba el carnicero más que con deseo de saber en verdad la procedencia del interrogado, con ganas de platicar con el dueño de la fama que se envidia. Y viendo que el carnicero observaba con insistencia la bolsa de Soriana en la que traía a Sor Filo, temeroso de tener que dar una explicación que no quería, Rubén tomó con las dos manos a Sor Filo, apretando su diminuta delgadez de yeso contra su pecho. "Fui al súper, a comprar un poco de chorizo", dijo al tiempo que se encogía de hombros, arrepentido ya no sólo por la piadosa mentira, sino por lo que él interpretaba como una blasfema comparación. "¡Ah qué don Rubén!, si yo aquí vendo el mejor chorizo de México, diario me lo mandan de Toluca, de la mera Vaquita Negra, falta de confianza, caray, ni que se lo fuera yo a cobrar". Entró luego el carnicero para salir con una tira de chorizo rojo rojo como sus mejillas. "Mire nomás, ¡chulada de mercancía! Lléveselo para que lo pruebe y ya no ande comprando donde no debe. ¿Se lo pongo ahí mismo o le doy otra bolsita?", dijo el carnicero sin terminar de decirlo, porque Rubén, espantado, casi lívido, respondió atolondradamente: "No, no, no, aparte, por favor". El carnicero, en un principio confundido, creyó comprender la reacción de Rubén: "Ja, ja, ja, claro: no hay que revolver el producto bueno con el malo". Rubén se retiró de prisa, haciendo un gran esfuerzo por pasar un trago de saliva que le supo muy amargo. El carnicero lo vio irse, pero nunca escuchó el "gracias" que Rubén creyó decirle.

La noche previa al gran día Rubén fue forzado por su mujer a ayunar. Acostumbrado a cenar copiosamente, esa noche tuvo pesadillas. En un principio no pudo conciliar el primer sueño y ya cerca de las tres de la mañana, cuando involuntariamente sus ojos se cerraron, el sueño pesado se apoderó de él. El estómago, que viene a suplir al corazón bastantes más veces de lo que se cree, obligó al cerebro de Rubén a fabricar un sueño confuso y grotesco: al principio tuvo que convivir con un antropoide que le decía "hermano" y más adelante él conducía el zepelín en donde el Papa lanzaba desde las alturas paletas Tutsi-pop, pero el Papa era en realidad el carnicero, quien llevaba puesta una playera con la imagen de Sor Filotea envuelta en carnes frías. Casi al final, el Papa-carnicero se aventaba al vacío y Rubén no podía sujetarlo. Despertó sudando y a pesar de que aún faltaban un par de horas para que amaneciera, ya no se durmió.

La mañana del sábado fue muy clara y soleada desde el principio y lo sería hasta el final. Rubén ya estaba listo para partir, un pantalón con amplias y numerosas bolsas –para que cupieran bien todas las cartas y mensajes que en nombre de sus conocidos y desconocidos tenía que entregar-, una camisa blanca y una chamarra bombacha y con bolsas interiores ocultas, ideales para esconder tres o cuatro Sor Filoteas. Pero Rubén sólo llevaba una. Antes de despedirse y salir a abordar el taxi que ya lo esperaba afuera de su casa, Rubén echó un último vistazo al espejo para encontrar a un Rubén que pocas veces veía, pero no se detuvo a pensar más, se despidió de su familia y salió para encontrarse con una escena que todavía, hasta hoy, no olvida: decenas de gentes esperaban afuera para despedirlo y desearle éxito, caminó aturdido entre los abrazos y los aplausos de la gente y se preguntó si esta escena no debía haber sucedido mejor en el sueño de hace un rato.

Antes de subir al taxi, mareado incluso, volteó los ojos hacia el cielo y la gente entonces creyó estar ante la presencia de casi un santo. Hubo incluso quien dejó escapar una lágrima, que, perdida entre la multitud duró muy poco, pero en realidad nadie supo que Rubén, mientras veía al cielo sólo pensaba que no había nubes y que eso era bueno. Fue hasta que estuvo dentro del taxi que se dio cuenta que una anciana le había dado, segundos antes, un beso en la mano.

Quien piense que Rubén tuvo que pasar toda suerte de revisiones e inspecciones, antes de llegar hasta el elevador que conduciría al Papa a la gran plataforma en la que oficiaría misa, se equivoca. Sólo un guardia lo revisó, tan desganadamente que ni cuenta se dio de la corpórea presencia de Sor Filotea. Rubén estaba ya en su lugar con muchísima más anticipación de la debida. Faltaban tres horas para la llegada de Su Santidad, tiempo en el que Rubén ensayó una y otra vez los pasos que daría, los movimientos precisos, como si no lo hubiera estado haciendo por más de quince días ya. También se dio el lujo de tomar una siesta, parado junto al elevador, sudando, gracias a la gran chamarra que traía encima. Poco a poco el bullicio se fue apoderando del lugar. Gente, mucha gente, guardias por todos lados y, por fin, entrando por una puerta que fácilmente podía ver desde el lugar en el que estaba, Rubén observó cómo el camión que traía al Papa se acercaba. Sentía cómo le temblaban las piernas a medida que Su Santidad estaba más cerca. Lo vio entonces bajar con dificultad del camión, caminar con una lentitud exasperante y, finalmente, aproximarse hasta el elevador. Una vez que la comitiva que lo acompañaba se cercioró de haberlo depositado dentro del pequeño elevador, apresuraron el paso hacia los extremos de la plataforma donde había unas pronunciadas escaleras. Rubén entró entonces en el elevador y vio al Papa, mientras pensaba: "se ve más rosado que en la tele". Cerró las puertas y accionó el mecanismo hidráulico que haría subir el elevador. Se dirigió a él, diciéndole: "Su Santidad, sea usted bienvenido". El Papa sonreía levemente moviendo la cabeza de arriba abajo y alzaba la mano ahora para darle la bendición a Rubén. Antes de que pudiera terminar, el elevador se detuvo y se oyó entonces un rechinido. El Papa no terminó de darle la bendición, bajó la mano y le preguntó a Rubén en perfecto y fluido español: "¿Qué pasa hijo?", a lo que Rubén, alarmado, pero queriendo no parecerlo, le contestó: "No se preocupe Su Santidad, cualquier problema será resuelto rápidamente por nuestros técnicos". El Papa lanzó un suspiro y pareció sentirse ahora más en confianza, porque se irguió, dejando la postura medio jorobada que hasta antes traía y pareció abrir un poco más los ojos. Rubén lo observaba y le parecía ahora, tan sólo unos segundos después de haberlo visto subir al elevador, más joven y vital. "Su Santidad, no quisiera incomodarlo, pero aquí traigo varios mensajes que le envía mi pueblo con mucho cariño", decía Rubén al tiempo que sacaba, una a una, las cartas de las bolsas de su pantalón. El Papa le preguntó: "¿qué pueblo, de qué pueblo vienes?". Sonrojado, Rubén le dijo: "no, Su Santidad, no es que venga de un pueblo, quise decir del pueblo mexicano, en realidad de mis vecinos, familiares y otras gentes". "¿Y yo cómo me voy a llevar eso?", dijo el Papa. Rubén estaba un poco desconcertado porque el tono de voz del Papa no le parecía nada dulce, pero con todo y el desconcierto se acordó que traía la imagen de Sor Filotea en una bolsa, así que mientras la sacaba dijo: ¡Ah, pues aquí traigo una bolsa Su Santidad, así será más fácil". El Papa veía a Rubén maniobrar con la gran chamarra y cuando vio la imagen dijo asombrado: "¡Sor Filo!". Rubén se quedó petrificado, no comprendía cómo era que el Papa conociese aquella figura de yeso que nadie conocía. "Pero, ¿cómo? ¿Es que la conoce usted Su Santidad?". "Sí –dijo sonriendo el Papa- hace unos años que nos llegó un paquete de aquí de México que nos enviaban unas monjas y, bueno, la historia es larga y quizá haya cosas que no entiendas… trataré de explicártelo en dos palabras: política y burocracia. Yo no tengo mucho que ver con eso, te lo aseguro". A Rubén no le parecía estar hablando con el Papa, sentía una extraña sensación ante aquella presencia, más que de compasión o respeto, de confianza excesiva, de hecho, temía meter la pata y comenzar a tutearlo.

De pronto se oyeron voces desde el exterior, los técnicos le decían a Rubén que ya habían localizado la falla, que no tardarían mucho en poner a andar de nuevo el elevador y el secretario particular del Papa le gritaba a Su Santidad que no se preocupara, que todo estaba bien. El Papa sólo tronó la boca y se comenzó a tronar también los dedos de las manos. Rubén tomó a Sor Filotea y se le aproximó al Papa hacia la cara diciéndole: "Su Santidad, por favor bendiga usted esta imagen". "¿Por qué te preocupa tanto bendecir a Sor Filo?", le preguntó el Papa a Rubén y entonces éste le contó cómo se había comprometido con la madre directora del colegio de su hija a hacerlo y que la iban a poner en una capilla. Su Santidad pareció conmoverse, porque dio la espalda a Rubén y a Sor Filo, pero sólo unos segundos, porque, con los ojos bien abiertos, volteó repentinamente y tomando a Rubén del hombro le dijo, con voz de quien confiesa un pecado muy grande: "Yo no soy el Papa". Rubén no sabía cómo reaccionar, no sabía si pensar que a Su Santidad le estaban haciendo daño los calurosos minutos que llevaba en aquel pequeño encierro, lejos de Roma, o si esto también debería ser parte del sueño que tuvo hace tan sólo unas horas. "O sea, ¿cómo o qué…?", alcanzó a decir Rubén y el Papa, sintiéndose más cómodo después de quitarse un gran peso de encima, le dijo: "El verdadero, Carol, ya está muy enfermo, no puede andar viajando, pero no quiere perder el mote de "Papa viajero", le encanta seguir viajando… aunque sea a control remoto… ya sabes hijo, los récords también importan. Yo sólo soy un doble, un actor que interpreta el mejor y más importante papel de su vida… antes sólo actué de marino… y también de trovador".

Para entonces Rubén no podía asimilar lo que escuchaba, no por ser Rubén, -de hecho, quién podría en su lugar- pero procuraba que el Papa –o quien fuera- no lo notase. Afuera, la gente, impaciente, esperaba a que Su Santidad apareciera en el altar, sin siquiera imaginarse que el Papa estaba atorado en el elevador, confesando cosas inconfesables a un extraño. La comitiva de Su Santidad procuraba guardar la calma, aparentar que todo estaba bien, que todo transcurría en orden y no dar motivo a que algún reportero amarillista se diese cuenta del incidente.

"No es una vida fácil –decía el Papa, más que dirigiéndose a Rubén, lanzando sus inquietudes al aire, al pequeño espacio que ahora contenía a ambos. Todo es muy cómodo, viajes, comidas… pero hay muchos sacrificios. De cualquier forma creo que ha valido la pena. Han sido dos divertidos años… y los que falten".

Rubén, aniquilado, en una esquina, respiró profundamente e intentó meterse a la conversación preguntando a Su Santidad. "Pero, ¿quién es usted entonces?". El Papa lo volteó a ver como se le ve a un niño al que se le está explicando el misterio de la vida y se sabe que no está entendiendo nada. "Ya te dije que soy un actor, un doble contratado para suplir al verdadero Papa… ¿qué más quieres que te diga? Dios santo, qué calor hace en tu país", decía el Papa mientras comenzaba a hacer sentadillas. Rubén miraba a Su Santidad asombrado, no intentó ni siquiera ayudarlo a pararse cuando se quedó en cuclillas un buen rato. El que estaba frente a él era definitivamente más joven y fuerte que el Papa que él había visto por televisión. Rubén se quitaba el sudor que le escurría lentamente por la cara con la manga de la chamarra. De repente, el Papa le quitó de las manos a Sor Filotea, diciéndole: "¿Me la darías, verdad? A Carol le agradará la anécdota. Además la otra, la que mandaron, se le cayó del escritorio y se hizo pedazos". Rubén no intentó nada, solo se la soltó a Su Santidad y bajó la mirada a sus zapatos. Para entonces el Papa se compadeció un poco del desconcertado Rubén. "Te entiendo hijo, más de lo que tú crees. No todos los días uno va con el Papa y a la mera hora se topa con un actor, con un farsante". Su Santidad se acercó a Rubén y le pasó el brazo por el cuello, paternal. "Te sientes como el día que te dijeron que los Reyes Magos no existían ¿verdad? Discúlpame, sé que soy un egoísta. Te he contado todo esto porque de vez en cuando me libero un poco contándolo. No creas que a todo el mundo, si hasta eso tengo cuidado. Una vez una mucama en un hotel francés contó lo que yo le había contado; por supuesto, nadie le creyó, luego me escribió una carta diciendo que nadie se lo creía, que lo escribiera en una carta y se la mandara, si no se iba a suicidar. Le mandé un rosario. Si te lo he confesado a ti ha sido porque vi mucha devoción en tu mirada cuando me pedías que bendijera a Sor Filo, discúlpame". Rubén lo abrazó muy fuerte. Sentía que ya lo quería. El Papa ante la demostración de afecto volvió a conmoverse. Lo que sí te voy a regalar hijo es esto: Su Santidad sacó de abajo de su sotana una pata de conejo. "Ya te he dicho que fui actor... bueno, todavía. Esta pata de conejo sí está bendecida por Carol. Te la doy". Rubén intentó contener las lágrimas, pero no pudo. Estaba examinando la pata de conejo cuando el Papa le dijo: "Es dura la vida hijo y no hay que ser santo para darse cuenta de ello. Y aunque la carne es débil, hay que aguantar. ¿Tienes un cigarro?". Rubén creyó no estar oyendo lo que oía y segundos después del nuevo desconcierto movió la cabeza de un lado a otro. En eso se sintió un movimiento violento y el elevador volvió a caminar. "Bueno hijo, ha sido un gusto", dijo Su Santidad y volvió a jorobarse y a enternecer la mirada, preparándose para salir. "Gracias Su Santidad –dijo Rubén- Dios lo bendiga y saludos al Papa". Su santidad contuvo la carcajada al momento que se abrían las puertas.

La comitiva se apresuró hacia Su Santidad, unos le daban agua, otros le quitaban la bolsa de las cartas, uno más -su secretario particular- le arrebató a Sor Filotea. Ya dirigiéndose hacia el altar, Su Santidad volvió a ver a Rubén, quien ya se dirigía a la salida.

Semanas después, en una comida familiar, Sarita, la esposa de Rubén, comentaba sobre la visita del Papa y las bendiciones que había mandado con éste para toda la familia. Fue entonces hasta donde se encontraba Rubén, sentado, viendo la televisión y lo abrazó, colgándosele del cuello. Todos sonreían. Rubén no, sólo metió la mano a la bolsa del pantalón y apretó, con toda la fuerza de su mano derecha, la pata de conejo.

DE CÓMO ALGUIEN PUEDE CAMBIAR SU VIDA CON UN FINAL DE CUENTO

"Tercera llamada. Tercera. Comenzamos". Se escucha una voz aguardentosa detrás del telón. Hoy, justo hoy, precisamente hoy veinte de octubre se levanta el telón del "Maravadí" por última vez. Hoy también se celebran las mil representaciones de la obra "Canija vida me caes bien gorda" de Julio Aranzábal, dirigida por Julio Aranzábal y actuada por Julio Aranzábal (el de las fotos de la publicidad no es Julio Aranzábal, él estaba malo el día que se las iban a tomar, por eso mandó a su papá: Julio Aranzábal Sr.). El "Maravadí" no es ningún teatro de tradición, ni la Conesa actuó ahí, ni tiene siglos de construido, es más: es un localucho feo, que huele a humedad y que van a tirar para hacer un estacionamiento. Son las ocho de la noche y Julio Aranzábal está ya en el centro del escenario. El teatro lleno, la luna (de las lunas la de octubre es la mejor) llena y Mariana, llena de problemas, aparece también en escena. Mariana Pinto es esposa de Julio, en la obra y en la vida. No tienen mucho de casados. Su reciente historia también podría servir para ser llevada al teatro, se llamaría:

LA QUE SALE, SALE POR ALGO MÁS QUE AZAR

SINOPSIS: MARIANA PINTO YA ESTÁ EN EDAD DE MERECER, MEJOR VIDA. SU PADRE NO LA DEJA TENER NOVIO (NI NOVIA, CLARO ESTÁ). NO LA DEJA SALIR MÁS QUE A LA ESCUELA Y DE REGRESO A SU CASA (DE ELLA). MARIANA ESTUDIA EN UNA ESCUELA DECENTE TODO EL DÍA PARA EL DÍA DE MAÑANA LLEGAR A SER TODA UNA

ENFERMERA DECENTE TODO EL DÍA. LAS COSAS HUBIERAN
TRANSCURRIDO SIN CONTRATIEMPO Y YO NO ESTARÍA AQUÍ
NARRANDO ESTO DE NO SER PORQUE EL DESTINO ES BIEN CABRÓN
Y EL AZAR DOS VECES MÁS. ENTONCES APARECE JULIO ARANZÁBAL,
ESTUDIANTE DE (AGÁRRENSE) LA FACULTAD DE LETRAS. MARIANA
VA CAMINANDO POR LA CALLE COMO SIEMPRE, CON LA VISTA
PUESTA EN EL CEMENTO (SIEMPRE LE ENCARGA SU PAPÁ UN KILO)
QUE TRAE EN UNA BOLSA DE GIGANTE. Y APARECE JULIO. BUENO.
MÁS BIEN, LA CARTERA DE JULIO EN LA BANQUETA (TIRADA). LOS
OJOS DE MARIANA SOBRE LA CARTERA DE JULIO Y LOS DE JULIO
SOBRE LAS NALGAS DE MARIANA. MARIANA BIEN CLAVADA CON
LA CARTERA Y JULIO SEGUNDO A SEGUNDO MÁS CLAVADO CON
LA BELLEZA DE MARIANA. YA HASTA SE ESTÁ ARREPINTIENDO
DE HACER LA CLÁSICA TRAMPA DE LA CARTERA REPLETA DE
PERIÓDICOS RECORTADOS. MARIANA MANDA A LA FREGADA
LA ÉTICA QUE SU PADRE LE METIÓ TAN A LA FUERZA COMO EL
ACEITE DE HÍGADO DE BACALAO Y RECOGE LA CARTERA. AHORA
EMPRENDE APRISA LA GRACIOSA HUIDA. JULIO VA A CORRER TRAS
ELLA CUANDO A MARIANA SE LE DESFONDA LA BOLSA DE CEMENTO
Y SE LE RIEGA TODO EN EL PISO. JULIO SE APROXIMA: AHORA
ESTÁN LOS DOS EN CUCLILLAS, UNO FRENTE AL OTRO, A MENOS
DE TREINTA CENTÍMETROS UNA MIRADA DE OTRA. CHORROS
DE FENILETILAMINA CIRCULAN POR SUS CUERPOS. EL LENGUAJE
DE LOS ENAMORADOS ES VAGO, IMPRECISO. MIENTRAS SE DICEN
COSAS COMO INTERREGNO O GLANDOLINDEM AMBOS RECOGEN
CON LAS MANOS EL CEMENTO: JULIO SE LO GUARDA EN LAS BOLSAS
DEL CHALECO Y MARIANA EN DONDE, SEGUNDOS ANTES, HABÍA
DEJADO LA CARTERA ENCONTRADA: ENTRE EL BRASIER (QUE ES
MUY PEQUEÑO) Y EL SENO (QUE ES GRANDÍSIMO, COMO EL DESEO
QUE REPRIME DESDE LOS DIECISÉIS DÍAS DESPUÉS DE HABER
CUMPLIDO DOCE AÑOS). DESPUÉS YA TODOS LOS DÍAS JULIO
ACOMPAÑABA A MARIANA DE LA ESCUELA A LA ESQUINA DE SU CASA
(DE ELLA). SEGUÍAN ENAMORÁNDOSE DÍA CON DÍA, PERO MARIANA
NO AFLOJABA LA BOLSA DE CEMENTO PARA QUE JULIO LE AYUDARA
A CARGARLA. JULIO POCO A POCO LA FUE CONVENCIENDO DE

QUE EL QUE ESTUDIARA ESA CARRERA NO ERA MOTIVO PARA QUE TAL SITUACIÓN SE CONVIRTIERA EN OBSTÁCULO PARA SU INSUSTITUIBLE AMOR (A VECES SE LA PROLONGABA DE CURSI EL JULIO). ES MÁS, LE DIJO QUE HABÍA ESCRITO UNA OBRA DE TEATRO SOBRE UNA PAREJA, UTILIZANDO SUS NOMBRES (DE ELLOS), QUE LA HABÍA MANDADO A UN CONCURSO Y QUE SI GANABA EL PREMIO SE CASABAN. ELLA, FELIZ, LE SOLTÓ LA BOLSA DE CEMENTO EN EL PIE. A JULIO SE LE SALIÓ UNA PALABROTA. Y A MARIANA UNA CARCAJADA. ESA NOCHE JULIO DURMIÓ MUY INCÓMODO, TENÍA UNA COMEZÓN EN LA NARIZ QUE NO LO DEJABA. AL OTRO DÍA LE AVISARON QUE HABÍA GANADO EL PREMIO. LA OBRA SE LLAMABA "DE CÓMO ALGUIEN PUEDE CAMBIAR SU VIDA CON UN FINAL DE CUENTO". UNA VEZ QUE COBRÓ EL PREMIO TUVO QUE CUMPLIR SU PROMESA. DE REPENTE TODO SUCEDIÓ MUY RÁPIDO: EN UNA MISMA SEMANA TUVIERON EL FUNERAL DEL PADRE DE MARIANA, SU BODA (DE ELLOS) Y NOTICIAS DE EMBARAZO (DE ELLA) (Y DE ÉL) (CREO).

Mientras conocíamos la historia de Mariana y Julio la representación número mil de "Canija vida me caes bien gorda" ya va casi a la mitad. Ya están (los actores) (Julio y Mariana) con los conflictos de pareja. Que el dinero, que los gastos, que ya no me quieres, que tu madre mejor hubiera parido gatos y más a gusto. En fin, que la obra no es la gran cosa, pero llegar a las mil representaciones no es fácil, piensan los amigos de Julio y Mariana (los únicos) que están entre el público. Y entonces comienza a correr la ponzoña: dice Virginia que no es que la obra sea tan buena, ni los actores (Julio y Mariana), que qué chiste si ni actúan, nomás transportan su vida real, sus broncas (las ventilan), al escenario. Silencio sepulcral a los murmullos de Virginia. Y es que la obra es realmente una broncota bien gruesa, con amenazas de suicidio y toda la cosa. Y entonces ya los amigos de los actores (Mariana y Julio) no ven con los mismos ojos la obra. El morbo les sale de los ojos y se va a columpiar al telón, hasta que éste desciende poco a poco.

***

"Tercera. Tercera llamada. Concluimos". Se escucha ahora la voz de Julio más aguardentosa que al principio (cómo no si ya lleva medio litro de aguardiente dentro). Y es que sus broncas con Mariana han llegado ya al punto máximo. No pueden ir ya más allá. Hay barda. Piensa todo esto mientras el telón ya está arriba y la luz le pega en la cara. Y entonces comienza un monólogo larguísimo y aburrido, pero que funciona. A la gente le late, pues. Y Julio puede estar diciendo el monólogo y pensando en otras cosas. Por ejemplo en lo que hizo hoy antes de venirse al teatro: comió con Rosalía (la paella la dejó a la mitad), caminó cerca de dos horas y compró un billete de lotería en el mismo local donde solía comprarlo su padre. Ni siquiera se fijó en el número, lo guardó junto al pañuelo, en la bolsa del saco. Después caminó hacia el teatro. Por muchas cosas ese día era especial para él. Sabía que hoy terminaba un ciclo, sabía también que sus problemas con Mariana no podían seguir. No sabía a ciencia cierta qué iba a pasar. Pero tenía confianza en que las cosas mejorarían. Y entonces se dio cuenta de que estaba sonriendo ligeramente en una parte de su monólogo que, para nada era gracioso. Dejó de pensar en otras cosas y se concentró en la obra. Está a punto de terminar de hablar, es el momento en el que tiene que entrar Mariana. Julio está nervioso, nunca lo había estado como hoy. No había visto a Mariana más que en el teatro, llevaban ya varios días viviendo separados. Julio observa a Mariana entrar al escenario, se da cuenta de que tiene la misma cara (asustada) que puso el día que fue a pedirle su mano (de ella) a su padre.

Flash back:

Julio: Buenas tardes señor. Yo... er... venía... veníaaaa...

(El papá de Mariana sentado en un sillón, dándole la espalda a la pareja que segundos antes había entrado en la sala, ni se inmuta)

Mariana: Papá, Julio venía a...

Julio: Sí, sí a... bueno, no sé, señor... quizá usted... es decir, bueno, fue joven, no quiero decir que sea viejo, no, si parece usted... bueno, los nervios me traicionan, le juro que no suelo ser tan falto de carácter, tan vago, digo, vago en el sentido de lo impreciso, no vaya usted a pensar... en concreto, su hija, Mariana y yo, queremos, si usted no piensa otra cosa... pues...

El discurso de Julio continuó, media hora después de estarle hablando a sus espaldas se atrevieron a verlo de frente. El papá de Mariana tenía seis horas de muerto.

Julio y Mariana frente a frente en el escenario. Es la última escena de "Canija vida me caes bien gorda". Es el último día en pie del "Maravadí". Mil veces han repetido esta última escena y nunca habían estado tan nerviosos como hoy. Sudan copiosamente. Nunca como hoy están sintiendo cada quien su papel. Ninguno actúa. Sólo faltan dos minutos para el telón final. La reconciliación está punto de operar una vez más. Ambos se ven, se aproximan, y finalmente se besan y el sudor se confunde con las lágrimas de ella, luego con las de él. El telón cae, pero ellos siguen actuando, fundidos, deshaciéndose en lágrimas y Julio le dice a Mariana al oído que todo va a cambiar, saca de la bolsa el pañuelo para limpiarle las lágrimas a Mariana y el billete de lotería cae entre los pies de la pareja, justo en el momento en que el gritón –no muy lejos de ahí– pronuncia el número que ahora se confunde entre el mar de lágrimas, sudor y piernas.

TRES VERSIONES

"Habiendo dicho esto, Jesús se elevó en presencia de sus apóstoles, hasta que una nube lo envolvió. Y mientras lo miraban subir al cielo, aparecieron junto a ellos dos ángeles vestidos de blanco que les dijeron:

—Varones galileos, ¿qué estáis mirando arriba? Como habéis visto a este Jesús subir al cielo, así lo veréis un día descender del cielo."

Hechos de los Apóstoles

Esa tarde llegué más temprano que de costumbre al templo porque se me olvidó atrasar una hora mi reloj un día antes y entró el horario de verano, o el de invierno, no sé, se me confunde cuál es cuál; de manera que cuando me di cuenta, ya estaba yo vestido y a punto de salir a oficiar la misa como todos los días y se me hizo raro que no hubiera nadie esperando ya la ceremonia. Como disponía de una hora, que ni me alcanzaba para regresarme a mi casa a dormir o a ver La Rosa de Guadalupe, decidí salir a caminar un poco alrededor de la plaza. Nunca salgo con la sotana puesta, no tanto porque piense que resulta medio exhibicionista, sino más bien porque creo que la vestimenta es para oficiar, para laborar en el templo y no para andar con ella caminando por la vida. Es como si un chef saliera a caminar con su vestimenta, como que la gente lo vería raro, pienso.

El caso es que al andar caminando por la plaza llegué donde venden las empanadas y ahí estuve un buen rato, platicando con los que las hacen y comiéndome alguna también. Más que nada para hacer tiempo, para no andar de ocioso adentro de la sacristía, porque luego me da sueño. Ya que vi que pasaba de la media hora y que escuché cómo el sacristán daba la primera llamada, me fui acercando al templo. Saludé a varias personas en el camino y me quedé platicando un buen rato con el señor que quiere bautizar a su chiquillo ya, pero que no ha querido venir a las pláticas, que porque no tiene tiempo. No fuera ver el fútbol o irse a meter en la cantina, para eso si les alcanza el tiempo.

Ya en la sacristía y antes de que se diera la tercera llamada fue que saqué la Custodia, que por supuesto guardamos bajo llave, y la coloqué donde siempre, para que el sacristán la fuera a llevar al altar. No tengo que decirle nada, es una rutina que tenemos ya bien aprendida.

La misa transcurrió normal, eso sí: había más gente que de costumbre. Por lo regular no suelen ser más de veinte o treinta los que llegan a esa hora entre semana, pero ese día sí que eran como cincuenta. Eso sí se me hizo raro. De hecho casi todos comulgaron y casi se acaban las hostias.

Terminando la misa y sin avisar, inicié con el rezo al Santísimo. Lo hago así porque muchos, si doy la bendición, se salen porque sienten que ya cumplieron con la misa y no se quedan. Ya estaba avanzado el rezo, yo creo que me faltaban como cinco minutos para terminar, cuando sentí que alguien subía al altar. Vi de reojo, no le puse mucha atención, porque supuse que era alguien que había ido a llevar su limosna a las canastitas que los fieles que se acomidieron a ir a pedir durante misa, van y dejan ahí en el altar. Luego como que a la hora que pasa la gente a pedir no dan, pero se arrepienten y van y llevan. Pues eso creí que era.

Y además no le puse mucha atención porque luego me desconcentro y no rezo lo que tengo que rezar. Ya me pasó una vez que unos chiquillos se pusieron a corretearse y uno, por no caerse, se agarró de un mantel y por poco y hace un tiradero ahí. Yo, con el susto, en lugar de una parte del Ave María andaba rezando una estrofa del Himno Nacional. Ya se imaginará cómo puse a los papás de esos niños, que por cierto ni eran de la Parroquia.

Pues que veo las sombra y no fue hasta que escuché algunos gritos, bueno, no precisamente gritos, sino como que alguien se salía del rezo que todos llevábamos y hablaba algo en voz alta, pero no escuché con claridad lo que decía, sólo levanté la vista y fue que vi de espaldas al que ya llevaba la Custodia con todo y el Santísimo hacia afuera.

Si no reaccioné pronto, si no corrí en ese instante fue porque de verdad no creí que estuviera viendo lo que vi. ¿Llevándose el Santísimo en mi cara y en la de nuestro Señor Jesucristo? ¿Robándoselo a plena de luz del día y en medio de tanta gente? ¿Quién se iba a atrever a eso? Nunca creí y nunca supe que en el mundo ocurriera algo así. Yo, en ese momento me dije: estoy soñando, esto es un sueño, yo creo que ya me dormí, debo despertar para irme a dar la misa.

Pero no, todo era real. Lo supe cuando varias personas comenzaron a persignarse más de una vez, una señora como que se desmayó y sólo dos o tres de los señores mayores como que reaccionaron y salieron del templo. Yo corrí, pero se me olvidó que traía la sotana y por eso azoté a medio camino. Vi entonces que algunos de los que habían salido a perseguir a los ladrones se regresaban a querer ayudarme a que me levantara. Fue ahí –que el señor me perdone- que se me salió la palabrota que todos oyeron. Dije: "déjenme a mí y vayan por los pinches ladrones".

***

Yo tengo como quince años de sacristán en este templo. He visto pasar muchos padres, con algunos he hecho muy buena amistad y con otros nada. La gente piensa que porque son religiosos todos son un alma de Dios y muy buenos y que sólo dan bendiciones, pero no, al final ellos son como cualquier ser humano y en esta caso, digo, con respecto a lo que yo hago, pues son mis jefes, mis patrones y actúan muy en su papel. Lo digo porque mucha gente que me conoce cree que yo en lugar de trabajando estoy en el cielo o me envidian porque de alguna manera estoy muy cerca de Dios. Pero los padres tienen su carácter y pues al final uno es un trabajador. Yo sé que habrá quien crea que para estar aquí se necesita ser muy religioso, pero yo no, yo lo veo como chamba, como una chamba pesada. Eso no quiere decir que no sea católico o no crea en Dios, pero de eso a que no tenga ojos para tanta cosa que he visto, pues no. Y por un lado están los padres y por otro la gente. Hubo un padre -del que no diré su nombre- que me mandaba a mí a rentarle películas al "Blobóster" porque le daba pena que lo vieran qué rentaba. Y luego hay gente que me ha ofrecido dinero —y no poco- con tal de que les consiga ostias venditas. De manera que en este oficio sí que me ha tocado ver de todo, ni cuando trabajaba en la Canadá, ahí la chamba era muy mecánica y aburrida.

Pues ese día se me hizo muy raro que al padre llegara tan temprano, porque siempre llega sino cinco minutos antes de la hora, pues ya casi a la hora. Lo vi que entró a la sacristía y se sentó en el sillón como por diez minutos. Como que se quedó dormido un ratito. Entré y no me sintió que saqué unas flores y le puse el reloj cerca para que cuando despertara viera que era temprano todavía.

Ya andaba yo afuera cuando lo vi que salió por un lado, vestido ya como para oficiar, pero con rumbo a la plaza. Se me hizo raro, por eso entré de nuevo a la sacristía y fue cuando me percaté que el vino de consagrar que yo ya tenía preparado desde temprano para la ceremonia ya no estaba como lo había dejado: llenito hasta el tope. No era la primera vez que el padre le daba un llegue al vino antes de la misa, pero sí era esta la primera vez que se lo había acabado casi todo. Como que traía sed, pues.

Luego de llenar otra vez la botellita me subí a dar la segunda llamada. Fue cuando vi que el padre estaba en las empanadas. Ahí me quedé un rato viéndolo desde el campanario. Se comió como cuatro. Y no vi que las pagara. No bajé ya porque no tenía a qué: ya estaba todo listo para la misa y como la rodilla me ha estado dando lata, pues me ahorro una subida, pensé. Además el aire estaba bien rico y ya ve que ha estado bien fuerte la calor este año. Que dicen que por La Niña y no sé qué. Pues estaba bien sabroso el airecito y yo estaba viendo al padre, a ver en qué momento se venía ya. Lo vi cómo se trajo una empanada pal camino que se comió de dos mordidas. Y luego lo abordó el señor al que no le ha querido bautizar al chiquillo porque no tiene dinero para pagar la misa.

Cuando el padre entró yo me puse a dar la tercera llamada y bajé para estar listo para la ceremonia. Como me di cuenta que se le había olvidado poner la Custodia bajo llave, se la puse donde la viera, para que se asustara, digo, con el afán de que ponga más cuidado o de plano me deje a mi esa tarea, que yo de todas formas soy el último que salgo de ahí siempre. Pero o no se dio cuenta o se hizo.

Terminó la misa y empezó el rezo al Santísimo. Un poco antes de que el padre terminara me metí a la sacristía por el sahumerio. Cuando ya lo traía encendido y el humo comenzaba a fluir, fue que vi que dos tipos salían de la iglesia con la Custodia en sus manos. Yo no corrí para afuera, pues pensé que todos harían eso, lo que hice fue agarrar para arriba, pues creí que si no los agarraban, al menos ubicaría como para dónde jalaban. Sí supe que el padre se había tropezado porque pisó su sotana, aunque yo creo que más bien le ayudó al tropezón el vinito que tomó.

Cuando llegué arriba ubiqué luego luego a los ladrones, que ya para entonces eran tres. Estaban como discutiendo y uno de ellos trataba de meter en una funda de almohada la Custodia, mientras que los otros abrían las puertas de un coche que estaba estacionado a la vuelta. Fue entonces cuando se me ocurrió tirarles la piedrota, que todos los que estaban abajo creyeron que había caído, milagrosamente, sobre uno de los ladrones.

No somos ladrones, nunca hemos estado en la cárcel. Hemos vivido toda la vida en el barrio, toda la gente nos conoce, somos gente de bien, de trabajo. Llevábamos ya un tiempo juntándonos en el jardín para platicar varios vecinos sobre las cosas que no nos gustan del padrecito Julián. Primero quisimos hacer todo por la buena, por la vía oficial, pues. Por eso le llevamos una carta al Cardenal en la que le platicábamos lo que sucedía y nuestra petición de que queríamos que nos cambiaran al padre. Pero nada. Que porque no habíamos reunido las suficientes firmas, nos dijeron. Y es que aquí en el barrio muchos no quieren firmar, porque sienten que pedir eso es como pecar. "Se van a ir al infierno", nos dijo la seño Gertrudis. Y ni ella ni muchos lo quieren, pero lo ven como penitencia, como designio de Dios. "Eso nos mandó el señor, hay que aguantarse", dicen. ¡Ni madres!, pensamos muchos. Y fue como nos fuimos juntando y a platicar qué podíamos hacer. Hubo muchos planes. Muchos. Pero todos los fuimos descartando por una u otra cosa. Hasta que llegó lo de robarse la Custodia. Nunca pensamos en hacerle daño al padre ni a nadie: somos católicos. Pero la verdad es que al padrecito sí se ha portado medio ojete con nosotros. Con muchos, con casi todos. No sé, como que venía de otra iglesia más acá o de riquillos y aquí como que se le hace poca cosa. Ve las canastas de la limosna y quién sabe qué tanto rezonga, como que le parece poquito lo que uno da. Pero pues es la intención, no el valor de lo que uno ahí echa, ¿no? Creo que lo dicen las escrituras.

Luego quiere cobrar muy caro por todo y aunque la gente no tenga dinero, ahí tienen que andar juntando para que los case, para que confirme, para que diga una mención de alguien que tiene un año de muerto… por todo quiere sacar varo. Y luego es bien metiche y medio encajoso: ahí anda por los puestos de alrededor del templo comiendo y diciéndole a los vendedores: "que Dios se lo pague", como si de veras Dios fuera el que hubiera bajado a comer papas, empanadas o nieve raspada. También seguido se equivoca cuando lee está rezando el Rosario y revuelve el Ave María con el Himno Nacional. Y ha llegado a decir groserías frente a los niños.

Luego también nos da coraje ver cómo le grita y maltrata al sacristán, que es un pan de Dios. No se merece que lo trate así, él tan bueno. Y parte no es un buen sacerdote: sus misas son muy aburridas y como siempre se sigue derecho, luego de terminar, con el rezo al Santísimo, pues ya fue hora y media lo que duró la cosa. Y cuidado si ve que te sales y no te quedas a todo, porque luego regaña y amenaza y dice que la misa no te valió. Y la gente se la cree, porque pues es el padrecito y hay que hacerle caso.

Total que fue a Don Ramiro al que se le ocurrió lo del robo de la Custodia. Íbamos a estar todos en esa misa, para que no fuera a salir nada mal. Ya habíamos conseguido unos amigos que nos hicieran el trabajo. Ellos sabían todo; no son de aquí, la cosa era que no los reconociera el padre, que pensara que sí había sido un asalto de verdad. La idea era que todos fuéramos testigos del supuesto robo, de hecho estábamos preparados para hacer bola y no permitir que el padre fuera a echar a perder el plan: había un cable puesto en el suelo para hacerlo caer si lograba alcanzar a los ladrones. Pero no hubo necesidad de eso, él solo se tropezó.

Todo iba bien. Íbamos a esconder la Custodia y la íbamos a regresar, verdad santa, pregúnteles a todos. La cosa era llamar la atención del cardenal, hacer ruido, que nos hicieran caso. Pero no contábamos con que el sacristán fuera a dejar caer esa piedra desde la parte más alta. A él no le dijimos lo del plan, porque como es tan bueno y tan leal, creímos que le iba a decir al padre. No contábamos con que fuera a hacer lo que hizo.

Puedo explicar que llegué a la esquina primero que nadie y vi claramente la piedra que caía. Puedo explicar que les grité y que la alcanzaron a ver cuando les caía, ya muy cerca, y que lo que atinaron a hacer fue cubrirse con la Custodia, como si fuera un paraguas y como si la piedra fuera agua. Puedo explicar incluso el trueno que todos oyeron, el rayo y la piedra reventando en el aire como si le hubieran disparado de algún lado con un cañón.

Lo que de verdad no puedo explicar ahora ni me pude explicar en aquel momento fue cómo la Custodia se esfumó frente a nuestros ojos como si hubiera sido de humo.

EL NIÑO DEL COLCHÓN

Ricardito no sabe dónde poner las manos mientras su mamá está impávida y fúrica (encabronada, pues), observando que – otra vez– el colchón amaneció mojado. La señora quita las sábanas mientras comienza a gritarle a Ricardito que qué chingados pasa, que de dónde saca agua si ya no le da nada de beber después de las seis de la tarde, si lo obliga a ir al baño y lo tiene ahí parado hasta que no expulse aunque sea unas gotas de pipí antes de meterse en la cama, si sus hermanitos que están más chiquitos no lo hacen, por qué él sí. Y Ricardito, recargado en la pared, con sus siete años no sabe qué contestar. Su mamá quitó ya todo de encima y ahora observa el colchón, que ostenta otra miada más en su ya muy manchada superficie. Como quien toma una rebanada de pan Bimbo, la señora levanta el colchón y sale con el de la recámara, arrastrándolo.

Cuando, minutos después, Ricardito se enfila con rumbo a la escuela, observa su colchón, recargado en la reja de la entrada de su casa.

Seis horas después, cuando regresa de la escuela, el colchón sigue ahí. Entra a la cochera y se queda un buen rato, parado, observando el nuevo sello que se une a los varios que ya tiene su colchón por ambos lados. Mientras intentaba hallar la figura de una mariposa en una de las manchas, lo interrumpe de su contemplación una señora que dice que le pida a su mamá le regale ropa que ya no use porque ella (la que pide) es muy pobre.

Ricardito entra a su casa y luego de recorrer todos los cuartos entiende que no hay nadie. Se asoma a decirle a la señora que no está su mamá, que si quiere vuelva más tarde. Se le hace un poco raro ver a la mujer contemplando fijamente el colchón, pero no le da importancia al hecho y se mete a ver la tele.

Cuando la mamá de Ricardito vuelve del mercado, se asusta al ver a un grupo de mujeres en la cochera de su casa y varias velas encendidas. Imagina lo peor: suelta las bolsas y corre, pensando que a su Ricardito algo le ha pasado. Llega a la cochera y no entiende nada de lo que ve. Están las señoras, muchas de ellas sus vecinas, enfrente del colchón miado que sacó en la mañana para que se secara, con velas encendidas y rezando. Parece un mal sueño. Entra luego corriendo a la casa y observa a su Ricardito que, viendo la tele, se quedó dormido. Y entonces sale de nuevo a la cochera, para intentar comprender lo que sucede. Ahí le explican cómo una señora que pide ropa porque es muy pobre se quedó observando el colchón y un rayo venido del cielo le había ayudado a descubrir, de entre todas las manchas en el colchón, una muy clara figura de un rostro de Cristo.

La mamá de Ricardito se acerca a donde le dicen se ha revelado el rostro de Jesús nuestro señor y sí, efectivamente, no puede negar que eso que en realidad es una mancha de orines de su hijo, parece una nítida imagen del rostro de Cristo. Ella, que no es muy católica que digamos, no sabe cómo reaccionar ante cerca de quince mujeres que rezan frente al colchón, acomodan velas encendidas, flores y un vasito en el que la gente que pasa a curiosear y la que se ha ido enterando y que vive cerca de ahí, van dejando algunos pesos de limosna, que seguramente no serán para comprar otro colchón.

La mamá de Ricardito nunca imaginó las consecuencias del colchón miado que ella había sacado a la cochera para que el sol lo secara. Y para que se oreara. A tres días del hallazgo del rostro divino la cantidad de personas que a diario se congrega ahí para rezar va en aumento, ya hay filas de más de dos cuadras de gente que quiere pasar a persignarse frente al Cristo del Colchón y a Ricardito en la escuela y en la colonia ya le llaman "El Niño del Colchón", gracias a unas entrevistas que le hicieron para el periódico. "Dicen que de mi pipí salió el rostro de Jesús", tituló el diario, entrecomillando una declaración de Ricardito. El párroco del templo que no está del todo contento con la situación, pero que no la hace de tos porque sabe que la gente se le echaría encima, lo que bien hace es pasar tres veces a recoger la limosna, con el pretexto de que le van a construir un nichito a la imagen del colchón, en la iglesia.

Al paso de los días no aminora el tránsito de personas. Y no sólo eso, hay muchas señoras que se pasan la noche en vela, rezándole al colchón y también cuidándolo, porque con el vandalismo que hay "una ya no sabe qué pueda pasar", dice doña Petra. Durante el día hay un tipo que llegó con su cámara de fotos instantáneas, que dice que estaba puesto en la Plaza Tapatía tomándole fotos a los turistas sobre un burro, y que mejor ya se vino aquí, porque le va mucho mejor. Hay otro que ofrece por cinco pesos la "Novena del Cristo del Colchón", en sonetos mal medidos, pero que vende como pan caliente. Y no se diga los vendedores que se han instalado a los alrededores: de frutas, de papas, de dulces y refrescos. Hay, afuera de la casa de Ricardito, un auténtico tianguis.

Mientras, adentro, las cosas no están muy bien. Primero porque Ricardito, que no tiene colchón, ha tenido que estar durmiendo con su mamá y ella, aparte de que duerme muy incómoda porque la cama es individual, teme amanecer cualquier día de estos mojada por los orines de su hijo. Sabe que es cuestión de tiempo. A esto se suma la incomodidad de tener prácticamente tomada la entrada y alrededores de su casa, con todo lo que ello implica.

Fue por ello, y después de casi un mes de soportar todo eso, que la mamá de Ricardito comenzó a idear un plan para acabar con la incómoda situación. Tenía que ser algo muy sutil o hasta accidental, porque una solución violenta sólo la confrontaría con sus vecinas beatas y en general, con el vecindario que tenía los ojos puestos en su cochera.

Tenía claro que debía acabar con el colchón, pero, ¿cómo? Se pasaba las noches ideando planes que por la mañana desechaba por absurdos. Y es que el colchón nunca quedaba solo.

Fue una de esas noches que ocurrió el milagro. Ella dormía, junto a Ricardito, cuando escuchó los gritos y al abrir los ojos sólo atinó observar cómo se incendiaba la noche. Se asomó por la ventana y vio cómo doña Petra corría por la calle, prendida como una tea y las demás señoras corrían detrás de ella, intentando apagarla. Y lo consiguieron, con ayuda de sus rebozos. Cuando la mamá de Ricardito y algunos vecinos salieron de sus casas, sólo observaron el colchón en llamas, que, dijeron después, dibujaba figuras angelicales en el aire mientras se consumía. Alguien hizo por apagarlo, pero no había agua en las llaves, como muy seguido sucede en esa colonia en tiempo de estiaje. Y nadie se atrevió a hacerlo o ya era demasiado tarde, pues el rostro del Cristo había desaparecido y se veían ya las entrañas del colchón: fierros retorciéndose por la rápida combustión del material del que había sido un mullido colchón.

Después supieron lo que había pasado: que doña Petra y las demás que velaban se habían dormido, que ella, accidentalmente, había caído de su silla y dormida tumbo las veladoras que se aproximaron en segundos al colchón y a su propia humanidad. Y el resto, ya relatado antes. La mamá de Ricardito agradeció al Cristo del colchón lo que ella consideró un verdadero milagro y prometió ya no fallar los domingos a misa, por el favor recibido.

Al otro día la vida volvió a la normalidad en la cochera de Ricardito. Para él lo mejor fue tener colchón nuevo, aunque el apodo de "El Niño del Colchón", no se lo ha podido quitar de encima entre los que lo ubican en la colonia y más allá. Su mamá, cuando alguna rara vez Ricardito se vuelve a orinar en el colchón, no deja de observar la miada para buscarle formas de algo. Y se las ha encontrado. Pero ya no saca el colchón a la cochera.

"QUE ENTRE JUANITO"

A David Huerta

El sol le pegó en la cara casi al mismo tiempo que recibió la patada. Hubo tal coordinación que pareció, a la velocidad de razonamiento de Ramiro, una misma acción. La gente, expectante, contuvo por unos segundos la respiración hasta que un murmullo general se apoderó de las graderías. Ramiro estaba en el suelo y no podía ni siquiera abrir los ojos porque el sol se los cerraba. Mientras, en la cancha, don Juli se limitaba a ponerle la pomada de alcanfor, a "acomodarle" el hueso y (en silencio, en lo más hondo de sí y con todo el fervor del mundo) a pedirle a San Judas Tadeo que Ramiro pudiera levantarse y seguir jugando.

El entrenador estaba parado sobre la línea que divide la zona técnica del campo, ya había hecho una buena rabieta –con pataleos incluidos– en el momento en que la pierna del defensa tocó la rodilla de Ramiro, pero ahora, como casi todos, su próxima reacción dependía de lo que pasara con Ramiro. El marcador daba cuenta de sólo unos segundos, pero a todo mundo le parecían horas, decenios. Algunos jugadores permanecían en el lugar en que los había sorprendido la jugada y de ahí no se movían; otros, los menos, estaban cerca de Ramiro, sin pronunciar palabra. El entrenador sentía cómo, lentamente, las gotas de sudor le resbalaban por toda la cara y se dio cuenta que apretaba bárbaramente los puños hasta que con su propia uña se abrió una herida en la palma de la mano. Ya estaba pensando de dónde iba a sacar el dinero que le apostó y que –por supuesto– no tiene, al dueño de la fábrica donde trabaja.

En las gradas, del lado contrario al que cayó Ramiro, dos niños se paran a gritarle a su papá que se levante, mientras su esposa, con el otro niño en brazos, en medio de refrescos, cervezas y bolsas que guardan tortas (una, la más grande, es para Ramiro), ha despegado el pecho de la boca de su crío para esperar a ver que su esposo se levante. El niño llora y la madre lo haría de no ser porque sabe que se vería ridícula (quién le manda andarle apostando "el chivo" de la semana a su comadre).

Sólo unos cuantos chiflan y presionan al árbitro para que apure a Ramiro y se reanude el poco tiempo que le falta al partido. Los más permanecen callados y ahora respiran al mismo tiempo que ven a Ramiro incorporarse. El entrenador se limpia el sudor con la manga de la camisa y alcanza a medio sonreír. En la banca, el único jugador que queda es Juanito, pues cuando el partido es en domingo a mediodía como hoy (méndigas fiestas, piensa el entrenador), con trabajos y se ajustan los once. El mismo Juanito también respira más tranquilo cuando ve que Ramiro da algunos pasos.

El partido se reanuda, pero antes de que Ramiro pueda volver a tocar el balón, cae de nuevo. Ya no puede continuar, ni con todos los menjurjes, masajes y rezos que le echó encima don Juli, ni con las porras de sus hijos, ni con las ganas de su esposa, ni con las "animadas" que le da su entrenador (¡ándale!, no seas cabrón, nomás faltan cinco minutos). No, ya no puedo, dice Ramiro, que entre Juanito. "Que entre Juanito", retumba el eco no sólo en los oídos del entrenador, sino en los del mismo Juanito. "Que entre Juanito", repite, lentamente Juanito, como saboreando cada letra al tiempo que la pronuncia para sí: "Que entre Juanito". Y para Juanito el mundo le ha abierto una puerta que jamás pensó tocar, él que tanto admira a Ramiro, él que sólo iba a los partidos por ver a Ramiro, él que nunca pensó siquiera jugar, que se había hecho a la idea de, materialmente, calentar la banca, ahora ha escuchado cómo Ramiro le dijo al entrenador: "Que entre Juanito". Él lo oyó y así fue, lo sabe, porque si alguien se lo hubiese contado no lo hubiera creído. "Que entre Juanito". Y mientras vuelve Juanito a pronunciar la frase, el entrenador, sin voltearlo a ver, lo llama: "prepárate Juan, que vas a entrar".

La gente que ve salir del campo a Ramiro casi se colapsa, saben que con él había siquiera esperanzas de romper el empate, pero ahora, con menos de cinco minutos de tiempo y sin nadie al frente, ya sólo queda esperar un milagro. Entretanto, Juanito sigue repitiendo la frase que no termina de asimilar: "Que entre Juanito", repite mentalmente mientras apenas y hace algunos movimientos para desentumirse. El entrenador está pensando si no será mejor mandar a Juanito a la defensa, pero piensa que sería muy riesgoso, así que las instrucciones son precisas: "vete adelante".

Cuando Juanito está en la línea, esperando la autorización del árbitro para entrar, la gente no da crédito, ¿Juanito va a jugar?, se preguntan, se miran unos a otros, pero no atinan a tener una expresión uniforme cuando Juanito entra en la cancha. El árbitro ordena que se reinicie el juego y Juanito sigue saboreando la frase que le ha dado sentido a este domingo que pintaba para ser como otros –"Que entre Juanito"– pero no, ahora el día, qué va, la vida es otra. "Que entre Juanito". El entrenador ordena, dando gritos desde su banca, que todo el equipo defienda, menos Juanito, que se queda solo en la media cancha, con la desinteresada vigilancia del portero contrario que no le teme a un cojo.

La gente ya no grita, sólo quiere que se acabe el partido, por eso comienzan a chiflar. El entrenador suda, aprieta las quijadas y se lamenta de haberle dado el empate a su jefe en la apuesta, pero es que tenía tal certeza del triunfo que... es más, si Ramiro no se hubiera lastimado está seguro que ya hubiera metido otro gol. Si metió cinco, en lo que faltaba, seguro metía otro. Y eso mismo piensa Ramiro, tirado junto a la banca, mirando cómo su equipo se defiende de las llegadas de sus rivales.

Mientras, Juanito se deshace en gritarles a sus compañeros, desde la media cancha, que le manden el balón, pero cada que alguno lo recupera e intenta, no precisamente dárselo a Juanito, sino mandarla lejos, llega un rival y la recupera. En el campo de juego hay un silencio muy extraño, desconocido, como aquel que antecede a un acontecimiento que no estaba escrito, sino que comienza a escribirse encima del que existía. Faltan segundos para que todo acabe, ya todo está resuelto, ya nadie apela a que suceda algo distinto que no sea el silbatazo del árbitro para ponerle fin al partido. El entrenador se ha relajado, como aceptando la consumación de un hecho que no tiene más remedio. Ramiro intenta ocultar las lágrimas que le brotan con el sudor que todavía corre por su cara. Su esposa está recogiendo las cosas y gritándole a los chiquillos para que se alisten a bajar las gradas e irse lo más rápido posible. Un tiro fuerte de un jugador termina en las manos del portero que despeja con todo su rencor. "Que entre Juanito", está repitiendo Juanito cuando ve que el balón viene hacia él. "Que entre Juanito". El portero no sabe si quedarse en su área o salir a enfrentar al cojo. "Que entre Juanito". La gente contiene la respiración. Juanito comienza a correr hacia la portería cuando ve que el balón no hace por bajar. El portero finalmente se decide a salir: "no me la va a ganar el pinche cojo", piensa. Hay un silencio en todo el campo que permite oír perfectamente los pujidos del esfuerzo que hace Juanito al correr por el balón. Juanito piensa que ésta es la oportunidad que toda la vida ha esperado. "Que entre Juanito". Todo mundo lo observa, pero eso no importa, Ramiro, que dijo que entrara, lo está viendo. El balón viene bajando. Juanito corre y el portero se aproxima. La gente no se mueve, podría incluso escucharse el zumbido de una mosca. Parece que el portero llegará primero, pero ya sabemos que las apariencias siempre engañan y además Juanito, al tiempo que repite, ahora en voz alta, "Que entre Juanito" da un espectacular salto, empujándose con su pierna buena, para alcanzar a ganarle al portero el balón y pegarle con una fuerza que nunca ha tenido. Ahora ambos están en el suelo, un segundo antes han tenido un tremendo choque, pero ya no se acuerdan y los dos, tirados, voltean hacia la portería y ven, al igual que todos, como el balón, que en última instancia fue empujado por la pierna mala de Juanito, viene bajando de nuevo. Juanito no ve la portería, sino que voltea hacia donde está Ramiro. "Que entre Juanito". El entrenador contiene la respiración y dice en silencio, como suplicando "que baje el balón, que baje...". El portero quisiera atajar el balón con la vista. "Que entre Juanito". El balón va como en cámara lenta, bajando, bajando. "Que entre Juanito...".

POQUITA FE

Doña Flora se levanta como todos los días: a las seis de la mañana. El sol apenas se anda espabilando y doña Flora ya está bajo la regadera cante que cante una canción de Lucha Villa. En la iglesia, en la parte más alta, el padre Poncho ya está haciendo sonar la campana de la primera llamada a misa, llamada que los tímpanos de doña Flora perciben de inmediato y que la hace guardar un respetuoso silencio, interrumpiendo incluso la canción que un gorrión, parado en un tendedero, le escuchaba a doña Flora sin que ésta se diera cuenta. Mientras doña Flora ya está vistiéndose en su cuarto el gorrión vuela por todo el pueblo, gorjeando la tonada de una canción de Lucha Villa.

El padre Poncho, después de haber dado las campanadas, se sienta sobre un pequeño ladrillo rojizo y observa lo que le dejan ver los enormes árboles que custodian su iglesia. Hoy se ha levantado de mejor humor que ayer, piensa que la culpa la tiene una película de Tin-Tán que vio anoche. Observa luego cómo un palomo hace malabares encima de una paloma que está sobre una endeble rama. "Extrañas y complicadas las maneras en que se manifiesta el amor a diario", dice el padre Poncho sonriendo, mirando de reojo al cielo mientras baja las escaleritas en las que a penas y con trabajos logra a diario apoyar sus pies. El sol, ya más despierto, piensa que un día de estos el padrecito se va a terminar cayendo, si es que la vejez lo adelgaza, o atorándose entre la pared y el barandal, si es que sigue comiendo tanto como hasta hoy. Y sí, de hecho, mientras el padre Poncho espera a que pasen los minutos que tienen que pasar para dar la segunda llamada, se receta una bien hecha y antojable concha de chocolate acompañándola con un jarro de avena cocida.

Mientras, doña Flora ya está vestida, como diario, toda de negro, ha hecho ya sus oraciones matinales (lijo-spiritusant-amn) y ya va que vuela hacia la iglesia. Para los perros sin dueño que duermen en las banquetas doña Flora es algo así como su despertador, ya la oyen pasar y su taconeo inconfundible les retumba en sus largas orejas de perros viejos. A medio camino, a unas cuadras de llegar, doña Flora escucha la segunda llamada, detiene un poco su andar y rectifica su paso, ahora camina al compás de las campanadas: el sonido de la primera campana (tan) y doña Flora da un paso. El "talán" de la otra y parpadea rápidamente mientras apura a la otra pierna a que no se quede. Va embelesada, sin mirar siquiera donde pisa. Un cuervo, desde la rama de un pirul, la observa con la nostalgia con la que se mira a una madre partir.

El padre Poncho está en la sacristía haciendo los preparativos para la santa misa cuando doña Flora entra a saludarlo. Después del cástulo beso en el dorso de la mano doña Flora se mueve como en su casa: pone agua en los floreros, enciende los cirios y pasa rápidamente el plumero hasta por donde le alcanza a llegar el brazo. Doña Flora no se dio cuenta que cuando le sacudía el polvo de los pies a San Martín de Porres, éste no se aguantó de esbozar una mueca de risa.

Fue en la misa, en el momento exacto en el que el padre Poncho levantaba el cáliz para consagrar el vino, cuando doña Flora se desmayó. Y todo porque no permaneció con los ojos cerrados y la cabeza agachada, rezando en silencio, como siempre lo hacía. Fue como si alguien la hubiera agarrado del cuello forzándola a que no bajara la vista y entonces, durante apenas unos segundos, doña Flora pensó que nunca en su vida había fijado la vista al frente, en el altar, mientras el padre levantaba el cáliz. Un frío sudor le recorrió la médula espinal cuando vio a los dos ángeles que tomaban de los hombros al padre Poncho. Después, todo negro.

El padre Poncho se quedó congelado, con las manos en lo alto sosteniendo el cáliz, cuando desde el altar vio desvanecerse a doña Flora. Quiso correr rápido a levantarla, pero a pesar de su deseo se sintió como engarrotado, como si alguien lo estuviera sujetando de los hombros. Fueron sólo unos segundos, luego luego ya estaban varios parroquianos ayudando al padre a llevar a doña Flora a la sacristía.

Doña Flora acostada, no puede dormir, inquieta porque una y otra vez se repite en su mente la escena que todavía no puede asimilar. El padre le advirtió que tenía que recostarse toda la tarde, que estaba muy cansada, que no viniera a ayudarle en unos días, que él con la ayuda de Dios se las arreglaría. Piensa doña Flora que lo de la ayudada es lo de menos, pero qué tal si vuelven los ángeles y se quieren llevar al padre Poncho. No, no; piensa doña Flora que no debe creer lo que vio, que fue su imaginación, que ha de haber sido porque no durmió bien ayer, o las historias de aparecidos que estuvieron contando el otro día en casa de doña Lupe, bueno, hasta el rompope que le dio a beber su comadre Celia vino a tener culpa también en la mente de doña Flora. Poco a poco el sueño logra envolver a doña Flora y en medio de sus elucubraciones y antes de quedar completamente dormida, piensa que debe olvidarse de todo, que mañana será otro día, que a lo mejor y todo es un sueño, un largo y pesado sueño.

Hay quien dice que la verdadera vida está en el sueño, que en realidad la vida es sólo un sueño, una pesadilla en algunos casos. El sueño de doña Flora es confuso y tensionante: ella está de espectadora en un gran teatro, es la única. De pronto aparecen en escena dos ángeles, bastante mayorcitos, de barba y bigote incluso, con unos guantes puestos. El réferi es el padre Poncho, de pantalón negro, camisa blanca y corbata de moñito. Inicia el combate, los ángeles hacen la finta de golpearse, ni siquiera se tocan, es como si sólo estuvieran danzando alrededor de todo el escenario. Doña Flora no quita la vista del ring, ni siquiera parpadea. Está sudando. De repente, intempestivamente, los dos ángeles emprenden una terrible golpiza en contra del réferi, el padre Poncho no hace más que cubrirse la cara y soportar los golpes. Doña Flora hace por levantarse de su asiento y es cuando se da cuenta que en realidad está sentada en un ángel que la detiene de los hombros y no la deja levantarse para ir a ayudar al padre Poncho. Sólo alcanza a oír al ángel que le dice: "no llore, sea machita", mientras al padre Poncho, ya tirado en el suelo, le siguen pegando los angelotes. Sin embargo, doña Flora no recordará nada de esto al rato que despierte.

Son las siete de la mañana cuando doña Flora abre los ojos. Hace años que no se levantaba tan tarde, hasta el sol dudó un poco en salir, pero finalmente lo hizo. No se iba a levantar doña Flora, le quería hacer caso al padre Poncho, pero de repente la invadió una ansiedad terrible: ¿y si volvieran los ángeles? ¿Y si se lo llevan? El sol se alegra y agarra más fuerza cuando ve a doña Flora corriendo por las calles del pueblo, pero las nubes le tapan los ojos y entonces comienza a llover. Doña Flora toma atajos que nunca hubiera tomado, los perros le ladran mientras ella va brincando todos los charcos con los que se topa. Mientras, aunque no con la precisión que quisiera, va haciendo cálculos de en qué parte de la misa irá a llegar. Cuando doña Flora entra en la iglesia el padre Poncho levanta el cáliz al momento que dos ángeles bajan desde la cúpula y se aproximan a él.

El padre Poncho le dice a doña Flora que no entiende su actitud, que por qué no le hizo caso y se quedó descansando. Doña Flora recostada en su cama, lo escucha sin decir palabra alguna, sólo piensa que no piensa. El padre Poncho le dice que vendrá mañana, después de misa, a visitarla. Gracias padre, discúlpeme, le dice doña Flora mientras le besa la mano. El padre le acaricia la cabeza, le da su bendición y sale de la casa. Camino a la iglesia, el padre Poncho observa las calles encharcadas, los perros mojados, las personas empapadas a las que les agarró por sorpresa el matinal aguacero. No entiende cómo es que doña Flora no estaba ni siquiera húmeda cuando la recogieron de la entrada de la iglesia para llevarla a la sacristía.

Son las tres de la tarde y doña Flora no ha probado alimento. Se encuentra ella rodeada por libros y libros en donde vienen imágenes de santos, vírgenes y ángeles. Ahora está sacando un sobre en donde tiene una cantidad incalculable de estampas e imágenes religiosas que ha juntado a lo largo de su vida. No se acuerda haber visto nunca a unos ángeles como aquéllos. Ella siempre había creído que los ángeles eran pequeños, pero éstos que se quieren llevar al padrecito lo han de hacer más bien por maldad. Hace rato estuvo a punto de contárselo todo al padre Poncho, pero se hubiera sentido ridícula diciéndole: "qué cree, me desmayé porque vi que unos angelotes se lo andaban cargando". Definitivamente no, no puede decírselo. Y lo peor es que nadie de los que van a misa se van a dar cuenta, porque todos agachan la cabeza en ese momento de la ceremonia y no la levantan sino hasta que el padre habla. Sólo yo lo puedo salvar, dice doña Flora al tiempo que sale para ir al cuarto en donde su difunto esposo guardaba todos sus cachivaches.

El padre Poncho da la última llamada a misa y baja apresurado. Presiente que doña Flora va a llegar a pesar de que él se lo prohibió. El padre Poncho se encuentra en la entrada de la puerta recibiendo a sus feligreses, nunca lo hace, pero hoy le nació hacerlo. El inicio de la misa se ha retrasado un poco. El padre Poncho se aproxima entonces hacia el altar. San José, del lado derecho, le guiña un ojo a San Judas Tadeo que está en el izquierdo. El padre inicia la ceremonia.

Una mujer camina lentamente por la banqueta del pueblo. El sol duerme todavía a pesar de que ya salió. Los perros no se animan a voltear, sopla un viento helado en plena primavera. Doña Flora lleva entre sus ropas, oculto, el rifle con el que cazaba patos su esposo. Va rezando, pidiéndole al altísimo que el arma no se le vaya a trabar en el momento bueno. No se cuestiona si su acción está considerada como buena o mala (en fin, como se ha dicho ya, el bien y el mal no existen en sí mismos, cada uno de ellos es sólo la ausencia del otro), sólo sabe que está convencida de lo que va a hacer. Sólo yo lo puedo salvar, Señor, sólo yo, murmura tras el velo negro que desde la muerte de su esposo no usaba. No es pecado, piensa doña Flora. Es más, no les voy a disparar a ellos, nomás les apunto y disparo a otro lado, para que se asusten y no vuelvan.

Ya está doña Flora en la entrada de la iglesia, el padre Poncho oficia la misa, ella espera, ocultándose tras la alta puerta de madera. Tiene lista el arma, suda copiosamente, cada vez más. Un grupo de palomas se para en la entrada también, como esperando ver algo, de hecho se pelean por el mejor lugar. Todos los santos de la iglesia voltean hacia la puerta, el niño que trae el señor San José en sus brazos hace por bajarse, pero san José lo detiene. El padre Poncho toma el cáliz, doña Flora apoya el dedo en el gatillo, suda más, la vista casi se le nubla, pero la valentía es mayor. El padre Poncho levanta el cáliz y los dos ángeles, uno de cada lado, uno güerito y otro moreno, bajan lentamente. Doña Flora apunta hacia el altar. El padre Poncho la ve y el corazón se le para antes de que ella dispare. El ruido ensordecedor del rifle aturde a todos: santos y mortales. Los ángeles salen volando desesperadamente, varias plumas caen sobre el altar y al tocar el vino, se deshacen como si fueran de harina.

Unos días después ya hay un nuevo padre en la iglesia. En la entrada, sentada en un escaloncito, una mujer de negro y velo en la cara abraza una escopeta inservible, una escopeta que no funcionó adecuadamente cuando la quiso utilizar, una escopeta que la dejó ciega y que la acompaña día y noche, en la entrada de la iglesia; nadie se atreve a quitársela, nadie se acerca más que para darle pan o agua, mientras ella murmulla día y noche: "ya volverán, ya volverán...".

Contenido

POQUITA FE
de DAVID IZAZAGA

SE TERMINÓ DE IMPRIMIR EN JULIO DE 2014 EN GUADALAJARA, MÉXICO.
SE TIRARON 500 EJEMPLARES.
PARA SU DISEÑO SE USARON FUENTES ADOBE GARAMOND PRO
Y ALTERNATE GOTHIC 2 BT A 9-30 PUNTOS.

EL AUTOR CUIDÓ DE LA EDICIÓN Y DE LA CORRECCIÓN.
LA ILUSTRACIÓN DE PORTADA FUE POR CUENTA DE BEA ORTIZ WARIO.
EL DISEÑO Y LA IMPRESIÓN FUE POR CUENTA DE
LIBROS INVISIBLES, SERVICIOS EDITORIALES.
WWW.LIBROSINVISIBLES.COM | TEL. 33 14822765 | INFORMES@LIBROSINVISIBLES.COM
EDITOR LEGAL: JORGE RAÚL DÍAZ BARAJAS